Dr. Jaerock Lee

Elendiseli na Biloko Bikolikia Biso

"*Kondima ezali elendiseli na biloko bikolikia biso; ezali mpe elimbweli na biloko bizangi komonana. Pamba ten a yango, mikolo bazuaki matatoli. Mpona kondima tososoli ete mokili ezalisamaki na Liloba na Nzambe, bongo biloko bikotalaka biso bibimaki na biloko bikomonana te.*" *(Baebele 11:1, 6)*

Elendiseli na Biloko Bikolikia Biso
na Dr. Jaerock Lee
Ebimisami na ba Buku Urim (Mokambi: Johnny. H.kim)
235-3, Gur-dong 3, Guro-gu, Seul Coree
www.urimbooks.com

Droit D'auteur. Buku oyo to mpe eteni na yango ekoki na kobimisama soko te, kofandisama kati na systeme moko na kobimisama ebele te, to mpe kopesama na lolenge soko nini to mpe, na lolenge na electronique, mecanique, photocopie, enregistrement to mpe nini, soki nzela epesami na mobimisi na yango te.

Makomi isantu nioso mazwami kati na Biblia Esantu iye ibengami, NEW AMERICAN STANDAED BIBLE, ®, Copiright © 1960, 1962, 1963, 1968, 1971, 1972, 1973, 1975, 1977, 1995 epai na Fondation Lockman. Isalemi soki nzela epesami.

Copyright © 2013 na Dr Jaerock Lee
ISBN: 979-11-263-1237-5 03230

Copyright na traduction © 2008 na Dr. Esther K. Chung salami soki nzela epesameli.
Kobimisama na liboso na koto na ki Coreen na Ba Buku Urim na 1990

Kobimisama wa yambo na Juin 2023

Edition na Dr. Geumsun Vin
Desin na Ndako na Edition na ba Buku Urim
Mpona koyeba mingi na koleka, contacter urimbook@hotmail

Ekotiseli

ikolo na nioso, Napesi matondi nioso mpe nkembo epai na Nzambe Tata Ye oyo Atambwisi biso mpona kobimisa buku oyo.

Nzambe, Ye oyo Azali bolingo, Atinda Muana na Ye se moko na Likinda, Yesu Christu, lokola mbeka na kosikola mpona bato bango oyo basengengelaki kaka na kufa likolo na lisumu na bango longwa na bozangi botosi na Adamu mpe Abongisaki nzela na lobiko mpona biso. Kati na kondima mpona yango, moto nioso oyo andimi Yesu Christu lokola Mobikisi na Ye alimbisami na masumu na Ye, azwi likabo na Molimo Mosantu mpe andimami lokola mwana na Nzambe azali na makoki na kozwa biyano mpona nioso ekosenga ye kati na kondima. Lifuti na yango ezali bomoi na kofuluka na kozanga moko te, mpe akozala na makoki na kolonga mokili na elonga monene.

Biblia elobi na biso ete ba tata kati na kondima bandimelaki nguya na Nzambe mpona kokela eloko esika eloko ezali te. Bayaka na komona misala na bikwama na Nzambe. Nzambe na biso Azali lolenge moko lobi eleki, lelo, mpe lobi ekoya, mpe na nguya na Ye koleka nioso Akobi na kosala misala na lolenge moko mpona ba oyo bandimeli mpe bazali kosalela Liloba na Nzambe eye ekomama kati na Biblia.

Kati na lotomo na ngai na ba zomi na ba mbula mileka,

Ekotiseli · vii

Nakutana na ebele na bandimi na Manmin ba oyo bazwa biyano mpe kosilisama na makambo na bango na lolenge na lolenge eye enyokolaka bango kati na ba bomoi na bango na kala, kaka na kondimela mpe na kotosa Liloba na solo mpe bazalaki na makoki na kopesa nkembo monene epai na Nzambe. Na tango bandimelaki Liloba na Nzambe kolobaka ete, "Bokonzi na Liloko ezwi minyoko, mpe banyokoli bazali kopunja yango" (Matai 11:12), mpe bango batokaki mitoki mpe babondelaki mpe basalelaki Liloba na Nzambe mpona bango kozwa kondima monene na koleka, bamonani malamu na koleka mpe kitoko epai na ngai koleka eloko nioso.

Mosala oyo ezali mpona bango bazali mpenza na bosenga na kobika bomoi kati na elonga na kozala na kondima na solo mpona kopesa nkembo epai na Nzambe, kopanzaka bolingo na Nzambe mpe kokabolaka Sango Malamu na Nkolo. Mpona ba mbula ntuku mibale eleka nateya mateya ebele na mama na likambo na "kondima" mpe kati na koponaka kati na bango mpe na kokoma yango na molongo molongobana, ekokaki kosalema ete buku oyo ebimisama. Nazali kolikia mpona mosala oyo, Kondima: Elendiseli na biloko bikolikia biso mpona kosala mosala na ndako na pole eye ezali kosala mosala na kotambwisa kondima na solo mpona ebele na milimo.

Mopepe ekopepaka esika nioso yango elingi mpe emonanaka na miso na biso te. Kasi, na tango tozali komona makasa na nzete kotepatepa na mopepe, tokoki kondima bozali na mopepe. Na lolenge moko, ata soki bokoki te komona Nzambe na miso na bino na mosuni, Nzambe Azali na bomoi mpe Azalaka solo. Yango tina kati na kondima elongo na kondima na bino kati na Ye, na etape nioso ezali na bino mposa, bokokoka komona Ye, koyoka Ye, boyoka bozali na Ye mpe bokutana na Ye.

Jaerock Lee

Table de Matieres

Liboso

Chapitre 1
Kondima na Mosuni mpe Kondima na Molimo · 1

Chapitre 2
Makanisi Matiami na Nzoto Makoki te
Kosepelisa Nzambe · 13

Chapitre 3
Bobuka Makanisi na Lolenge Nioso mpe Mayebi · 29

Chapitre 4
Bolona Nkona na Kondima · 43

Chapitre 5

'Soki okoki? Nioso Ekoki na Oyo Andimi!   · 57

Chapitre 6

Daniele Atiaki Motema kaka Epai na Nzambe   · 71

Chapitre 7

Nzambe Asalaka na Liboso   · 85

Chapitre 1

Kondima na Mosuni mpe Kondima na Molimo

Baebele 11:1-3

Kondima ezali elendiseli na biloko bikolikia biso; ezali mpe elimbweli na biloko bizangi komonana. Pamba ten a yango, mikolo bazwaki matatoli. Mpona kondima, tososoli ete mokili ezalisamaki na Liloba na Nzambe, bongo biloko bikotalaka biso bibimaki na biloko bikomonana te.

Mosali na Nzambe na komona etonga na ye kozala na kondima na solo mpe bapesa nkembo na Nzambe na kondima na solosolo. Na loboko moko, na tango basusu kati na bango bakokoma ba temoin na Nzambe na bomoi mpe bakotatolaka bomoi na bango kati na Christu, mosali na Nzambe akoki kosepela mpe kokoma na molende na koleka mpona mosala mopesamela ye na Nzambe. Na ngambo mosusu, na tango basusu bakozanga komatisa kondima na bango mpe bakokweyaka kati na mimekano mpe minyokoli, mosali na Nzambe asengeli na koyoka pasi mpe motema na ye ekotungisama.

Soki na kondima te,, ekozala kaka pasi mpona bino te kosepelisa Nzambe mpe na kozwa biyano na Ye kati na mabondeli na bino, kasi ekozala mpe pasi mingi mpona bino kozala na elikia mpona Lola mpe kobika bomoi esengela kati na kondima.

Kondima ezali moboko na motuya koleka kati na bomoi na Mokristu. Ezali nzela mokuse mpona lobiko mpe mingi na koleka oyo esengeli mpona kozwa biyano na Nzambe. Na ekeke na biso, mpo ete bato bazali na likanisi moko te mpona elimbweli na solo mpona kondima, ebele na bato bazangaka kozala na kondima na solo. Bazangaka kozala na elikia na lobiko. Bazangaka kotambola kati na pole mpe bazangaka biyano na Nzambe ata soki bazali kotatola kondimana bango mpona Nzambe.

Kondima ekabolami na ba ngambo mibale. Kondima na mosuni mpe kondima na molimo. Chapitre oyo elimboleli bino nini kondima ya solo ezali mpe lolenge nini bokoki kozwa biyano na Nzambe mpe botambwisama na nzela na bomoi na seko na nzela na kondima na solo.

Kondima na Mosuni

Na tango bondimeli oyo emonani na miso na bino mpe makambo makambo mandimami na mayebi na bino mpe na makanisi, kondima na bino ezali oyo ebengami "kondima na mosuni." Na kondima oyo na mosuni bokoki kaka kondima na makambo oyo maye maselema na biloko mizali komonana. Ndakisa, na yango bozali kondima ete mesa esalema na nzete.

Kondima na mosuni ebengama mpe "kondima lokola mayebi." Na kondima oyo na mosuni, bokondimaka kaka oyo endimami na mayebi mafandisama kati na ba bongo mpe makanisi na bino. Bokoki kondima na tembe moko te ete mesa esalemaka na nzete mpo ete bomona mpe boyoka ete mesa mesa esalemaka na nzete mpe bozali na bososoli na yango.

Bato bazalaka na systeme na makanisi kati na ba bongo na bango. Bakotisaka kuna mayebi na lolenge na lolenge kobanda mbotama na bango. Bafandisaka kati na culule na ba bongo mayebi oyo emonaki bango, eyokaki bango, eye bango bazwaki na nzela na baboti na bango, bandeko babali mpe na basi, baninga mpe bazalani mpe elakisamela bango na kelasi, mpe bakosalelaka mayebi bakanga lokola elingeli bango.

Eteni nioso te eye bango bakanga kati na ba bongo na bango ezali solo. Liloba na Nzambe ezali solo mpo été eumelaka Libela,

Kondima na Mosuni mpe Kondima na Molimo · 5

na tango mayebi euti na mokili ekombongwanaka na pete mpe yango ezali kosangisama na solo mpe solo te. Mpo été bango bazali na bososoli nioso na solo te, bato na mokili bakososolaka te été solo te ezali kotalisama lokola yango ezalaki solo. Ndakisa, bango bakondimaka été malakisi na evolution ezali solo pamba te bango bayekola kaka yango na kelasi na kozanga na bango koyeba Liloba na Nzambe.

Ba oyo elakisamela bango kaka été eloko esalemaka kaka na eloko mosusu eye ezalaka bakoki te kondima été eloko esalemaka na tango eloko ezali te.

Soki moto oyo azali na kondima na mosuni amemami na kondima na makasi ete eloko esalemaka longwa na eloko moko te, mayebi eye ye afandisa mpe andima ete yango ezali bongo longwa na mbotama na ye ekopekisa ye na kondima yango, mpe tembe na ye ekotambwisa ye mpe akozanga na kondima yango.

Kati na chapitre na misato na Yoane, mokonzi na Bayuda na nkombo na Nikodeme ayaki epai na Yesu mpe akabolaki masolo na molimo elongo na Ye. Kati na lisolo Yesu Alobaki na ye ete, "Soko nasili koloba na bino mpo na makambo na mokili mpe bondimi te, bokondima boni soki Nakoloba na bino mpo na makambo na Likolo?" (v.12)

Na tango bobandi bomoi na bino kati na Christu, bokobomba boyebi na Liloba na Nzambe na lolenge ekoyoka bino yango. Kasi bokoki kondimela yango na mobimba te, mppe kondima na bino ekomonana kozala mosuni. Na kondima oyo na mosuni, tembe ekomata kati na bino mpe bbokozanga kobika kolandisama na Liloba na Nzambe, bosolola na Nzambe, mpe bozwa bolingo na Ye. Yango tina kondima na mosuni ebengami

mpe "kondima ezanga misala," to "kondima ekufa."
Na kondima na mosuni bokoki te kobikisama. Yesu Alobaki kati na Matai 7:21 ete, "Moto na Moto oyo akolobaka na ngai Nkolo! Nkolo! Akoingela kati na Bokonzi na Likolo te kasi ye oyo akosalaka mokano na Tata na Ngai na Likolo." Mpe kati na Matai 3:12 ete, "Azali na epupeli na kati na loboko na Ye mpe Akopetola etutelo na Ye mpe Akoyanganisa masango na Ye na ebombelo, nde Akozikisa matiti na moto mokozimama te." Na mokuse, soki bokosalelaka te Liloba na Nzambe mpe kondima na bino emonani ete ezali na misala moko te, bokoki te kokota Bokonzi na Likolo.

Kondima na Molimo

Na tango bondimeli makambo makoki te komonana mpe makambo maye makoki te kondimama na makanisi na bato mpe mayebi, bokoki kondimama ete bozali na kondima na molimo. Elongo na kondima oyo na molimo bokoki kondima ete eloko esalemaka longwa na eloko moko te.

Mpona oyo etali kondima na molimo, Baebele 11:1 etalisi yango lolenge eye: "Kondima ezali elenndiseli na biloko bikolikia biso; ezali mpe elimbweli na biloko bizangi komonana." Na lolenge mosusu, na tango bokotalaka makambo na miso na molimo, makambo makokoma solo na miso na bino na tango botali yango na miso na kondima ey6ye emonani te, elimbweli na na wapi bino bokoki kondima ekotalisama. Na kondima na molimo oyo ekoki te kosalema na kondima na molimo, oyo ezali kondima eye eyebani lokola "kondima lokola boyebi," ekomonana mpe ekotalisama solo.

Ndakisa, na tango Mose amonaki makambo na miso na ye na kondima, Mai Monene Motane ekabolamaki na bitten mibale mpe baton a Yisalele bakatisaki yango na mabele kokauka (Esode 14:21-22). Mpe na tango Yosua, oyo alandaki Mose, elongo na baton a ye batalaki mboka na Yeliko mpe batambolaki zingazinga mboka mpona mikolo 7 mpe na sima bangangaki na ekuke na mboka, mboka ebukanaki (Yosua 6:12-20). Abalayama tata na kondima, akokaki kotosa mobeko na Nzambe mpe abonza mwana na ye se moko na likinda, Yisaka, oyo azalaki nkona na elaka na Nzambe mpo ete andimaki ete Nzambe Akokoka kosekwisa moto kati na bakufi (Genese 22:3-12). Yango ezali ntina moko oyo kondima na molimo ebengama "kondima elandisama na misala," mpe "kondima na bomoi."

Baebele 11:3 elobi ete, "Mpo na kondima tososoli ete mokili ezalisamaki na Liloba na Nzambe, bongo biloko bikotalaka biso bibimaki na biloko bikomonana te." Ba likolo mpe mokili mpe biloko nioso kati na yango ata moi, sanza, mpe minzoto, ba nzete, ban deke, mbisi, mpe ba nyama na zamba, ba kelamaki na Liloba na Nzambe mpe Asalaki moto na mpputulu na mokili. Nioso wana esalemaki longwa na eloko te, mpe biso tokoki kondima mpe kososola likambo oyo kaka na kondima na molimo.

Ezali biloko nioso ten de emonanaki na miso na biso to mpe ba realite na komonana na miso, kasi na nguya na Nzambe, yango, na Liloba na Ye nioso esalemaki. Yango tina tokotatolaka ete Nzambe Azali na Nguya Nioso mpe Amoni nioso, mpe epai na Ye tokoki kozwa nioso oyo esengaki biso kati na kondima.

8 · Elendiseli na Biloko Bikolikia Biso

Yango mpo ete Nzambe na Nguya Nioso Azali Tata na biso, mpe biso tozali bana na Ye, nde nioso ekosalemela biso lolenge endimaki biso.

Mpona kozwa biyano mpe kokutana na bikamwa kati na kondima, bosengeli kobongola kondima na bino na mosuni na kondima na molimo. Yambo na nioso, bosengeli kososola ete mayebi efandisama kati na bongo wuta mbotama mpe kondima na mosuni eye esalema na mayebi yango ekopekisaka bino mpona kozala na kondima na molimo. Bosengeli kokweyisa mayebi eye ememaka ba tembe, mpe bolongola mayebi maye makotisamaka mabe kati na ba bongo na bino. Lolenge bokoyokaka mpe bokososola Liloba na Nzambe, mayebi na molimo ekokoba na kobakisama kati na bino mpe na lolenge bino bokomona bilembo mpe bikamwa ikotalisamaka na nguya na Nzambe mpe bokutani na bilembo na Nzambe na Bomoi iye italisamaka na nzela na ebele na matatoli na bandimi, tembe ekolongwa mpe kondima na bino na molimo ekobakisama.

Kolandisama na bokoli na kondima na bino na molimo, bokoka kobika na Liloba na Nzambe, bozala na kosolola na Ye, mpe bozwa biyano epai na Ye. Na tango ba tembe na bino ilongolami mpenza, bokoka kotelema na libanga na kondima mpe epesamela bino na kozala na kondima makasi na oyo bokoka koobika bomoi na elonga kati na momekano nioso mpe mimekano.

Na libanga oyo na kondima, Yakobo 1:6 ekebisi na biso ete, "Kasi asenga na kondima abeta tembe te, mpo ete oyo akobeta tembe azali lokola mbonge na mai kopusama na mopepe mpe kotambola tambola epai na epai," "Bandeko wapi litomba soko moto alobi ete azali na kondima wana ezangi ye misala? Kondima na ye eyebi kobikisa ye?"

Na bongo, nasengi na bino bokanisa ete kaka soki bolongoli tembe nioso, botelemi na libanga na kondima mpe botalisi misala na kondima, nde ekoki mpona bino kondimama ete bozali na kondima na molimo mpe oyo ya solo mpona kobikisama.

Kondima na solo mpe Bomoi na Seko

Lisese na basekka zomi eye ekomama kati na chapitre 25 na MMatai epesi na biso mateyo mingi. Lisese elobi ete baseka zomi bakamataki ba minda na bango mpe babimaki mpona kokutana na mobali na libala. Mitano kati na bango bazalaki na kosenjela mpe bakamataki mafuta na milangi na bango elongo na minda na bango mpe bakutanaki na mobali na libala, kasii mpona mitano misusu ba oyo bazalaki balema mpe bakamataki mafuta moko te elongo na milangi na bango, bakokaki te kokutana na mobali na bango na libala. Lisese oyo elimboleli biso ete kati na bandimi basusu oyoo babikaka bomoi na bandimeli kati na molende bazali kobongama mpona kozonga na Nkolo na kondima na molimo, nde bakobikisama, na tango basusu ba ooyo bamibongisama malamu te bakoka te kozwa lobiko mpo ete kondima na bango ezali na kokufa yango elandisamaka na misala te.

Kati na Matai 7:22-23, Yesu Alamusi biso ete ata soki ebele

basakolaki, babimisaki milimo mabe mpe batalisaki bikamwa na nkombo na Ye, bango nioso te bakoki kobikisama. Ezali mpo ete bakomaki matiti pamba mpo basalaki te mokano na Nzambe kasi na esika basalaki makambo na bosoto mpe basumukaki. Lolenge kani tokoki kososola kati na masanguu mpe matiti? Dictionaire Compact Anglais na Oxford etalisi 'matiti lokola mbuma na nkona oyo ekabolami kati na koyungulama.' Na molimo matiti mabe etalisi bandimi oyo bameki kobika na Liloba na Nzambe kasi bango basalaki mabe kati na kozanga kobongola mitema na bango na solo. Eyenga nioso bakendaka ndako na Nzambe, bapesaka moko na zomi na bango, babondelaka epai na Nzambe, bakolandelaka bandimi na bolembu mppe bakosalelaka lingomba, kasi bakosalaka makambo nioso wana liboso na Nzambe te, kasi mpona komitalisa na miso na bato pembeni na bango. Yango tiinna batangami na ngambo na matiti mpe bakoki te kozwa lobiko.

Masango elakisi bandimi bango oyo bambongwani na baton a molimo kati na Liloba na solo na Nzambe mpe bazali na kondima oyo eninganakanaka tea ta na likambo na lolenge nini mpe bakendaka ngambo na ngambo te. Basalaka nioso kati na kondima ete: Bakilaka bilei kati na kondima mpe babondelaka epai na Nzambe kati na kondima, mpo ete bakoka kozwa eyano epai na Nzambe. Bakosalaka te mpona kotindikama epai na basusu, kasi bakosalaka nioso kati na esengo mpe na kopesa matondi. MMpo ete balandaka mongongo na Molimo Mosantu mpona kosepelisa Nzambe mpe kosala katii na kondima, milimo na banngo ekofuuluka, nioso ekotambola malamu mpona bango mpe bakosepela nzoto malamu.

Kondima na Mosuni mpe Kondima na Molimo · 11

Sasaipi Nasengii na bino bomitale bino moko soki to mpe te bongumbameli Nzambe na molimo mpe na solo to mpe bozalaki konimba to mpe kolandela makanisi na mpamba to mpe bosambisaki Liloba na Nzambe na tango na mayangani. Bosengeli te kotala sima mpe bomona soki bopesaki mabonza na bino kati na esengo to mpe bolonaki kaka moke to mpe na kotindikama mpona miso na bato misusu. Makasi na kondima na bino na molimo, ebele na misala mpe ekolandisama. Mpe na lolenge ekosalela bino Liloba na Nzambe, kondima na bomoi mpe ekopesamela bino, mpe bokoingela kati na bolingo mpe kopambolama na Nzambe, bokotambola na Ye elongo, mpe makambo na bino nioso ekotambola malamu. Mapamboli nioso makomama kati na Biblia ekoyeila bino mpo été Nzambe Azali sembo kati na bilaka na Ye kaka lokola ekomama kati na Mituya 23 : 19 été, 'Nzambe Azali moto te été Akata lokuta, mpe mwana na moto te été Abongola motema. Asili koloba mpe Akosala yango te ? To, sili kopesa monoko mpe Akokokisa yango te?"

Kasi, soki boyaka kati na mayangani mpe bobondelaki na momesano mpe bosalelaki lingomba nokinoki kasi bozangaki kozwa ba mposa na motema, boye bosengeli na kososola ete ezali na eloko moko mabe na ngambo na bino.

Soki bozali na kondima na solo, bosengeli kolanda mpe kosalela Liloba na Nzambe. Esika na kobeta sete mpona makanisi na bino moko mpe mayebi, bosengeli koyeba kaka ete Liloba na Nzambe nde ezali solo mpe bobota makasi mpona kobebisa nioso oyo ezali kotelemela Liloba na Nzambe. Bosengeli kobwaka mabe na lolenge nioso kati na koyokaka Liloba na Nzambe mpe na kokokisa kobulisama kati na mabondeli mazanga suka.

Ezali solo te ete bobikisami kaka mpona koyaka na mayangani na lingomba mpe na nzela na koyokaka Liloba na Nzambe mpe na kofandisa yango lokola mayebi. Soko bokosalela yango te, ekozala kondima ekufa ezanga misala. Kaka na tango bozali na kondima na solo mpe kondima na molimo mpe bosali mokano na Nzambe, nde bokokoka kokota na Bokonzi na Likolo mpe bosepela bomoi na seko.

Tika ete bino bososola ete Nzambe Alingi bino bozala na kondima na molimo eye elandisamaka na misala, mpe bosepela bomoi na seko mpe bobengama bana na Nzambe na kondima na solosolo!

Chapitre 2

Makanisi matiami Kati na Mosuni Ikotelemelaka Nzambe

Baloma 8:5-8

"Pamba te ba oyo bazali bato na nzoto bakotia motema na makambo na nzoto; nde ba oyo bazali baton a molimo bakotia motema na makambo na molimo. Kotia motema na makambo na nzoto ekoyeisa bobele kufa, nde kotia motema na makambo na molimo ekoyeisa bomoi mpe kimia. Mpo ete motema motiami epai na nzoto ezali moyini na Nzambe. Eyebi kotosa mibeko na Nzambe te ; ekoki mpe kosala boye te. Bongo bazali kotia motema na makambo na nzoto bayebi kosepelisa Nzambe te. »

Makanisi Matiami na Nzoto Makoki te Kosepelisa Nzambe · 15

Lelo ezali mpenza na ebele na bato ba oyo bayaka na lingomba mpe batatolaka kondima na bango epai na Yesu Christu. Yango oyo ezali sango na esengo mpe malamu mpona biso. Kasi Nkolo na biso Yesu Aloba kati na Matai 7 :21 été, "Moto na moto oyo akolobabaka na Ngai Nkolo Nkolo akoingela na Bokonzi na Likolo te. Kasi ye oyo akosalaka mokano na Tata na Ngai na Likolo.",mpe Abakisi kati na Matai 7:22-23 ete, , "Mingi bakoloba na Ngai na mokolo yango, Nkolo! Nkolo! Tosakolaki na nkombo na yo te? Tobimisaki milimo mabe na nkombo na Yo te? Mpe na nkombo na Yo tosalaki misala na nguya te? Nakoyambola liboso na bango été, 'Nayebi bino soko moke te ! Bolongwa na Ngai, bino bato na misala na lofundo.' "

Mpe Yakobo 2:26 elobeli biso ete, "Lokola nzoto oyo ezangi mpema esili kokufa, bongo kondima oyo ezanga misala esili kokufa lokola." Yango tina bosengeli kokomisa kondima na bino yakokoka na nzela na misala na botosi mpo ete bokoka kondimama lokola bana na solo na Nzambe ba oyo bazwaka nioso oyo esengaka bango.

Sima na biso kondimela Yesu Christu lokola Mobikisi na biso, toyaka na kosepela kati na moneko na Nzambe mpe na kosalela yango na makanisi na biso. Kasi, soki tozangi kobatela mibeko na Nzambe, tokosalela mibeko na masumu kati na nzoto na biso mpe tokozanga na kosepelisa Ye. Ezali mpo ete na makanisi na mosuni tokotiama na esika na kotelemela Nzambe mpe tokoka te kokoma basaleli na mobeko na Nzambe.

Kasi soki tolongoli makanisi na mosuni mpe tolandi makanisi

na molimo, tokoki kotambwisama na Molimo na Nzambe. Tobatela mibeko na Ye mpe tosepelisa Ye kaka lolenge Yesu Akokisaka mobeko kati na bolingo. Bongo, elaka na Nzambe kolobaka ete, "Nioso ekoki mpona ye oyo andimeli," ekokitela biso.

Sasaipi tika ete biso tozinda kati na nini ezali bokeseni kati na makanisi na mosuni mpe na molimo. Tika ete totala mpo nini makanisi na mosuni makotelemelaka Nzambe, mpe lolenge nini tokoka kokima makanisi na mosuni mpe totambola kolandisama na Molimo mmpona kosepelisa Nzambe.

Moto na Mosuni Azalaka na Ba Mposa na Mosuni, nde Moto na Molimo Alikiaka Makambo na Molimo

1) Nzoto mpe ba Mposa Mabe na Nzoto

Kati na Biblia tomonaka makambo lokola 'nzoto,' 'makambo na nzoto,' 'ba mposa mabe na mosuni,' mpe 'misala na nzoto.' Maloba mana makokana na limbola, mpe nioso ikopolaka mpe ikolimwaka sima na biso kolongwa mokili oyo.

Bizaleli/misala na nzoto:mikomama kati na Bagalatia 5:19-21 ete: "Misala na nzoto mimonani polele yango oyo: ekobo, makambo na bosoto, pite, kosambela bikeko, ndoki, nkaka, kowelana, zua, nkanda, kolulela,, kokabwana, kowelawela, koboma bato, kolangwa masanga, bilambo na lokoso, mpe makambo na motindo yango. Nazali kokebisa bino lolenge ekebisaki Ngai bino liboso ete baoyo bakosalaka makambo yango bakosangola Bokonzi na Nzambe te."

Kati na Baloma 13:12-14, ntoma Paulo akebisi biso mpona ba mposa mabe na nzoto "Butu eumeli ntango molai, ntongo elingi kotana. Boye tolongola misala na molili mpe tolata bilamba na basoda na pole. Totambolaka na ezaleli ebongi na mpi, na bilambo na lokoso te, na kolangwa masanga te, na mpite mpe na mobulu te, na kowelana soko na zua te. Kasi bolata Nkolo Yesu Christu lokola elamba mpe bokanisa te mpo na kosepela mposa na nzoto."

Tozali na bongo mpe tozali na makanisi, Na tango tozali kokanisa makambo na masumu mpe bosolo te kati na makanisi na biso, ba mposa na masumu mpe bosolo te mabengami "mposa mabe na nzoto," mpe na tango ba mposa mabe na masumu matalisami na misala, "mibengami misala na nzoto." Ba mposa mpe misala na nzoto mikotelemelaka solo, bongo moko te oyo amikotisi kati na yango akoki kosangola Bokonzi na Nzambe.

Na boye, Nzambe Akebisi biso kati na 1 Bakolinti 6:9-10 ete, "Boye te ete baton a masumu bakosangola libula na Bokonzi na Nzmabe te? Bomizimbisa te, moto na pite mpe basambeli na bikeko mpe baton a ekobo mpe bakembi na nsoni mpe mibali bamibebisi na mibali mpe bayibi mpe baton a bilulela mpe balangwi masanga mpe batuki mpe babotoli bakosangola Bokonzi na Nzambe te," Mpe lisusu kati na 1 Bakolinti 3:16-17 ete, "Boyebi te ete bozali tempelo na Nzambe mpe ete Molimo na Nzambe Afandi kati na bino? Soko moto nani akobebisa tempelo na Nzambe, Nzambe mpe Akobebisa ye. Mpo été tempelo na Nzambe ezali mosantu ; bino bozali yango."

Lolenge elobami na biteni na likolo, bosengeli kososola ete bazangi sembo oyo bakosalaka masumu mpe mabe na misala bakoki te kosangola Bokonzi na Nzambe- ba oyo bazali kosala misala na mosuni bakoki te kobikisama. Bolamuka mpona bino kokweya na masengenia ten a bateyi oyo bakolobaka ete tokoki kobika kaka na koyaka na lingomba. Na nkombo na Nkolo Nalombi ete bino bokweya te kati na komekama na kotangaka Liloba na Nzambe.

2) Molimo mpe Baposa na Molimo

Moto azalaka na molimo, molema mpe nzoto; nzoto na biso ezali kobeba. Nzoto ebombaka kaka molimo mpe molema na biso. Molimo mpe molema izali oyo mikobebaka te nde yango ekosalak mosala na makanisi mpe ikopesaka biso bomoi.

Molimo yango ekabolami na ngambo mibale: molimo oyo ezali na Nzambe mpe molimo oyo ezalaka na Nzambe te. Yango tina 1 Yoane 4:1 elobi ete, "Balingami bondima milimo nioso te, kasi bomeka miilimo soki miuti na Nzambe, mpo ete basakoli na lokuta mingi basili kobima kati na mokili."

Molimo na Nzambe Esungaka biso mpona kotatola ete Yesu Ayaka na nzoto, mpe Ekomema biso mpona koyeba makambo mapesameli biso mpenza epai na Nzambe (1 Yoane 4:2; 1 Bakolinti 2:12).

Yesu Alobaki kati na Yoane 3:6 ete, "Yango ebotami na nzoto ezali nzoto, mpe oyo ebotami na Molimo ezali molimo."
Soki tondimeli Yesu Christu mpe tozwi Molimo Mosantu, Molimo Mosantu Akoya kati na motema na biso, Akopesa biso makasi na kososola Liloba na Nzambe, Akosunga biso mpo ete tobika kolandana na liloba na solo, mpe Akomema biso mpo ete tokoma baton a molimo. Na tango Molimo Mosantu Ayei kati na motema na biso, Akokomisa lisusu molimo na biso oyo ekufaki na bomoi, nde ekolobama ete tobotami lisusu sika na Molimo mpe tokomi basantisami na nzela na bokatami ngenga na motema.

Nkolo na biso Yesun Aloba kati na Yoane 4:24 ete, "Nzambe Azali Molimo mpe ekoki na bangumbameli na Ye bangumbamela Ye na molimo mpe na solo." Molimo ezwami na mokili na dimension na 4, mpe Nzambe Ye oyo Azali Molimo Amonaka kaka motema na moko na moko na biso te kasi mpe lisusu Ayebi nioso etali biso.

Kati na Yoane 6:63, ekolobaka ete, "Molimo ezali Ye oyo akopesaka bomoi; mosuni ezali na lisungi te. Maloba Mazali Ngai kosololana na bino mazali Molimo mpe mazali na bomoi," Yesu Alimboli na biso ete Molimo Mosantu Apesaka bomoi mpe Liloba na Nzambe ezali molimo.

Mpe Yoane 14:16-17 elobi ete, "Mpe Ngai Nakobondela Tata na Ngai mpe Akopesa bino Mosungi mosusu ete Afanda na bino libela. Ye Molimo na Solo oyo bamokili bayebi koyamba Ye te pamba te bazali komona Ye te mpe bazali koyeba Ye te. Bino bozali koyebba Ye, mpo Azali koumela epai na bino, Azali mpe kati na bino." Soki toyambi Molimo Mosantu mpe tokomi bana na Nzambe, Molimo Mosantu Akotambwisa biso kati na solo.

Molimo Mosantu Akofanda kati na biso sima na biso kondimela Nkolo, mpe Akobota molimo kati na biso. Atambwisaka biso kati na solo mpe Asungaka biso ete tososola bozangi sembo nioso, mpe totubela na yango mpe tolongwa na yango. Soki tokotambolaka kati na kotelemelaka solo, Molimo Mosantu ekomilela, Ekomema biso toyoka malamu te, Akomema biso ete tososola masumu na biso mpe tokokisa kobulisama.

Lisusu, Molimo Mosantu Abengama Molimo na Nzambe (1 Bakolinti 12:3) mpe Molimo na Nkolo (Misala 5:9; 8:39). Molimo na Nzambe Azali Solo na libela mpe Molimo mopesi bomoi mpe Akomema bison a bomoi na seko.

Na loboko mosusu, molimo oyo ezali na Nzambe te kasi ekotelemelaka Molimo na Nzambe ekotatolaka te ete Yesu ayaka kati na mokili oyo na nzoto, mpe yango ebengamo molimo na mokili' (1 Bakolinti 2:12), 'molimo na moteme;I na Christu' (1 Yoane 4:3), 'molimo mokosi' (1 Timote 4:1), mpe 'molimo mbindo' (Emoniseli 16:13). Molimo nioso oyo mauti na zabolo. Bauti na Molimo na solo te. Milimo oyo na lokuta bapesaka bomoi te kasi bakomemaka bato kati na libebi.

Molimo Mosantu elakisi Molimo na Nzambe, mpe bongo

na tango tondimeli Yesu Christu mpe tokomi bana na Nzambe, toyammbi Molimo Mosantu, mpe Molimo Mosantu Akobota molimo mpe boyengebeni kati na biso, mpe Akopesa na biso makasi mpo ete tobota mbuma na Molimo Mosantu, bosemboo mpe Mwinda. Na lolenge tokokani na Nzambe na nzela na misala na Molimo Mosantu, tokotambwisama na Ye, tokobbengama bana na Nzambe, mpe tokobenga Nzambe Abba! Tata!" mpo ete tozwi molimoo na kondimana bana (Baloma 8:12-15).

Na bongo, na lolenge eye biso totambwisami na Molimo Mosantu, tokobota ba mbuma libwa na Molimo Mosantu maye mazali bolingo, esengo, kimia, motema petee, boboto, malamu, kondima, bopolo, mpe komikanga motema (Bagalatia 5:22-23). Tokobota mmpe mbuma na boyyengebene, mpe mbuma na Mwinda yango esengeli nna bolamu nioso mpe boyengebene mpe solo, na yango tokoki kokoma na lobiko mobimba (Baefese 5:9).

Makanisi na Mosuni Ememaka na Kufa, kasi Makanisi na Mmoolimo ememaka na Bomoi mpe Kimia

Soki bokolanda nzooto, bokoya kootia makanisi na bino na makambo na mosuni. Bokobika kolandisama na mosuni, mpe bokosala masuumu. Bongo, kolandissama na Liloba na Nzambe kolobakka ete "Lifuti na masumu ezali kufa," bokoka kaka komemama na kufa. Yango tina Nkolo Asenga na bisoo ette, "Wapi litomba soki moto alobi ete azali na kondima kasi ezangi misala? Kondima nan ye eyebi kobikisa ye? Bongo na kondima soko ezangi misala esili kokufa kati na yyango mpenza" (Yakobo 2:14, 17).

Soki totie makanisi na bino na makambo na nzoto, ekomema bino kaka na kosumuka te mpe na koonyokwama mobulu kati na mmokili, kasi bokokoka te kosangola bokonzi na Loola. Bonngo, bosengeli kokanga yango kati na ba bongo na bino mpe boboma misala na nzoto mpo ete bokoka kozwa bomoi na seko (Baloma 8:13).

Na bokeseni, soki bokolanda Molimo, bokoya kotia makanisi na bino na Molimo mpe bokomeka oyo ekoki bino mponna kobika kati na solo. Boye Molimo Mosanntuu Akosunga bino mpona kobunda na moyini zabolo mppe Satana, bolongola bosolo te mpe botambola kati na solo, nde bongo bokosantisama.

Toloba ete moto abeti yo na litama mpona likambo moko te. Okoki koyoka kanda makasi mingi, kasi okoki mpe kobengana makanisi na mosuni mpe bolanda oyo na molimo esika na kokanisa bobakami na Yesu na ekulusu. Mpo ete Liloba na Nzambe elobeli na biso ete topesa na ye litama oyo mosusu na tango tobetami mbata mpe topesa matondi kati na makambo nioso, okoki kolimbisa, kokanga motema kati na molende, mpe osalela basusu. Na bongo, osengeli te kotungisama. Na lolenge oyo okoki kozwa kimia kati na motema na yo. Kino tango okobulisama, okoki koluka kozongisa na nzela mpe na kopamela ye pamba te mabe ezali naino kati nay o. Kasi, sima nay o kolongola mabe na lolenge nioso, okoyoka bolingo na ntina na ye ata soki omoni ba mbeba na ye.

Boye, soki botie makanisi na bino na molimo, bokoluka makambo na molimo mpe bokotambolaka kati na Liloba na solo.Bongo lokola lifuti bokoki kozwa lobiko mpe bomoi na solo, mpe bomoi na bino ekotondisama na kimia mpe mapamboli.

Makanisi na Mosuni Mazali Kotelemela Nzambe

Makanisi na mosuni mazali kopekisa bino mpona kobondela epai na Nzambe, na tango makanisi na molimo ekotindinda bino bobondela epai na Ye. Makanisi na mosuni ekosuka na koyinana mpe na koswana, na tango makanisi na molimo ekomemaka bolingo mpe kimia. Na boye, makanisi na mosuni makotelemelaka solo, mpe mazali solo mokano mpe makanisi mauti na zabolo. Yango tina soki bokokoba kolanda makanisi na mosuni, lopango ekotongama liboso nay o na Nzambe, mpe ekotongana na nzela na mokano na Nzambe mpona bino.

Makanisi na mosuni ekomemaka kimia te kasi kaka kotungisama, kozanga kimia, mpe mobulu. Na mokuse, makanisi na mosuni ezali mpenza mpamba mpe ekofuta eloko te. Tata na biso Azali na Nguya Nioso mpe lokola Mokeli Azali kokonza likolo na ba Likolo mpe mokili mpe biloko nioso kati na bango, mpe lisusu milimo na biso mpe ba nzoto. Eloko nini Akoki te kopesa biso ban aba Ye na bolingo? Soki tata nay o azali mokonzi na groupe monene na ba usines, okotikala komitungisa te mpona misolo, mpe soki tata nay o azali monganga na makoki mingi, nzoto malamu ezali mpona yo.

Lolenge elobi Yesu kati na Malako 9:23 ete, "Soki okoki?' Nioso ekoki na ye oyo andimi," Makanisi na molimo ikomemaka kondima mpe kimia epai na bino, na tango makanisi na mosuni ekopekisaka bino mpona kokokisa mokano mpe mosala na Nzambe na kopesaka bino mitungisi, kozanga kimia mpe mobulu. Yango tina, mpona oyo etali makanisi na mosuni, Baloma 8:7 elobi ete, "Mpo ete motema motiami epai na nzoto ezali moyini na Nzambe. Eyebi kotosa mibeko na Nzambe te ; ekoki mpe kosalaka boye te."

Tozali bana na Nzambe ba oyo bazali kosalela Nzambe mpe bazali kobenga Ye "Tata." Soki bozali na esengo te kasi bokoyoka mobulu, kozanga motema kimia, mpe na komitungisa, etalisi ete bino bokolandaka makanisi na mosuni ememamaka na moyini zabolo mpe Satana esika na makanisi na molimo eye epesamaka na Nzambe. Bongo, bosengeli kotubela na yango mbala moko, bolongwa na yango, mpe boluka makanisi na molimo. Ezali mpo ete tokoki komikitisa liboso na Nzambe mpe totosa Ye kaka na makanisi an molimo.

Ba Oyo Bazali kati na Mosuni Bakoki te Kosepelisa Nzambe

Ba oyo bakotiaka makanisi na bango kati na mosuni bamonani batelemeli na Nzambe mpe bazali mpe bakoki te komikitisa na mobeko na Nzambe. Bakotosaka te Nzambe mpe bakoki te kosepelisa Ye, mpe suka suka bakonyokwama na mimekano mpe na mibulu.

Mpo ete Abalayama, tata na kondima, aluka tango nioso makanisi na molimo, akokaki ata kotosa mobeko na Nzambe kosenga mwana na ye se moko Yisaka abonzama lokola mbeka na kotumba. Na bokeseni, Mokonzi Saulo, oyo abonzaki makanisi na mosuni, abwakisamaki na suka, Yona apusamaki na mopepe makasi mpe amelamaki na mbisi monene; Bayisalele basengelaki konyokwama ba mbula 40 na bomoi nab wale kati na lisobe sima na Kobima.

Na tango bozali kolanda makanisi na molimo mpe botalisi misala na kondima, bokoki kopesama bosenga na motema na bino, kaka lolenge elakami kati na Njembo 37:4-6, "Omisepelisa na Yawe mpe Ye akopesa yo mposa nioso na motema nay o. Tikela Yawe elekelo nay o zala na elikia epai na Ye mpe Ye Akosala mosala. Ye Akobimisa elonga elonga nay o lokola pole, Akolongosa yo lokola moi na midi."

Moto nioso oyo andimeli mpenza Nzambe asengeli kobengana kozanga kotosa nioso eye eyaka na misala na moyini zabolo, abatela mibeko na Nzambe, mpe asala makambo makosepelisaka Ye. Bongo akokoma moto na molimo oyo akokoka kozwa nini nini esengaki ye.

Lolenge Nini Tokoki Kolanda Misala na Molimo?

Yesu, oyo Azali Mwana na Nzambe, Ayaka kati na mokili oyo mpe akomaka nkona na masangu mpona basumuki mpe

Akufelaki bango. Afungolaka nzela na lobiko mpona moto nioso oyo andimeli Ye mpona kokoma mwana na Nzambe, mpe abukaki ebele na ba mbuma. Akanisa kaka makanisi na molimo mpe Atosaka kaka mokano na Nzambe; Asekwisaki bakufi, Abikisaka babeli na ba bokono na lolenge nioso mpe Ayeisaka monene bokonzi na Nzambe.

Eloko nini esengeli na bino kosala mpona kolanda Yesu mpe bosepelisa Nzambe?

Yambo likolo na nioso, bosengeli kobika kati na lisungi na Molimo Mosantu na nzela na mabondeli. Soki bobondelaka te, bokokita kati na misala na satana mpe bobika kolandisama na makanisi na mosuni. Kasi, na tango bozali kobondela na kotika te, bokoki kozwa misala na Molimo Mosantu kati na bomoi na bino, bondimisama na oyo ezali bosembo, botelemela masumu, bokangolama na kosambisama, bolanda bosenga na Molimo Mosantu mpe bokoma sembo na miso na Nzambe. Ata Mwana na Nzambe, Yesu, Akokisaka misala na Nzambe na nzela na mabondeli. Mpo ete ezali mokano na Nzambe kobondela na kotika te, na tango botiki te kobondela, bokoka kaka kolanda makanisi na molimo mpe bosepelisa Nzambe.

Mibale, bosengeli kokokisa misala na molimo ata soki bolingi te kosala yango. Kondima oyo ezanga misala ezali kaka kondima lokola mayebi. Ezali kondima ekufa. Na tango boyebi nini esengeli na bino kosala, kasi bozali kosala yango te, eali lisumu.

Boye, soki bolingi kolanda mokano na Nzambe mpe bosepelisa Ye, bosengeli kotalisa misala na kondima.

Misato, bosengeli kotubela mpe bozwa nguya euti na likolo mpo ete bokoka kozwa kondima eye elandisamaka na misala. Mpo ete makanisi na mosuni makotelemelaka Nzambe, makosepelisaka Ye soko te mpe makotongaka bifelo na lisumu kati na bino mpe Nzambe, bosengeli kotubela na yango mpe bobwaka yango. Tubela esengamaka tango nioso mpona bomoi malamu na Bokristu, kasi mpona bino kolongola yango boosengeli kopasola mitema na bino mppe botubela na yango.

Soki bokosalaka masumu oyo boyebi ete bosengeli te kosala, motemma na bino ekoyoka nkanka. Na tango botubeli masumu na mabondeli na kolela, mitungisi mpe koyoka malamu te mikolongwa bino, bokozongisama sika, bozongisa bomoko na Nzambe, kimia ekozongela bino, nde bongo bokoka sasaipi kozwa bosenga na motema na bino. Soki bokokoba na kobondela mpona kolongola mabe na lolenge nioso, bokotubbela masumu na bino kati na kopasola mitema na bino. Bilembo na masumu na bino mikozikisama   na moto na Molimo Mosantu, mpe bifelo na masumu mikobukana. Bongo, bokokoka kobika kati na misala na Molimo mpe bosepelisa Nzambe lolenge wana.

Soki boyoki bozito kati na motema na bino bosengeli kozwa Molimo mosantu na nzela na kondima kati na Yesu Christu, ezali mpo ete bomimoni sasaipi kotelemmela Nzambe mpona makanisi na bino na mosuni. Bongo, bosengeli kobuka bifelo na masuumu na nzela na mabondeli makasi, mpe bongo bolanda ba mposa na Moolimo Mosantu mpe bosala misala na Molimo kolandisama na makanisi na molimo. Mpe lokola lifuti, kimia mpe esengo ekokitela motema na bino, biyano na mabondeli na bino mikopesamela bino mmpe bosenga na motema ekokokisama.

Lolenge elobi Yesu kati na Malako 9:23 ete, "Soki Okoki?' Nioso ekoki na ye oyo andimi," tika ete moko na moko kati bino abwakisa makanisi na mosuni maye mazali kotelemela Nzambe mpe botambola kati na kondima kolandisama na misala na Molimo Mosantu mpo ete bokoka kosepelisa Nzambe, bosala misala na Ye mazanga suka, mpe bootombola Bokonzi na Ye, na nkombo na Nkolo na biso Yesu Christu Nabondeli!

Chapitre 3

Bobuka Makanisi mpe Mayebi na Lolenge Nioso

2 Bakolinti 10:3-6

"*Mpo, ata tozali kotambola kati na nzoto, bitumba na biso ezali na nzoto te, mpo ete bibundeli na etumba na biso izali na nzoto te kasi na nguya na Nzambe mpona kobebisa bisika bibatelami makasi. Tozali kokweisa maloba mpe bisika milai nioso mizali kotelemela boyebi na Nzambe. Tozali kokanga makanisi nioso nan kanga ete matosa Christu. Toselengwi mpe kopesa nkanja nioso etumbu wana bino bosili kotosa.*"

Lisusu, kondima ekoki kokabolama na biteni mibale: Kondima na molimo mpe kondima na mosuni. Kondima na mosuni ekoki mpe kobengama kondima na mmayebi kaka. Na tango boyoki mpona liboso Liloba na Nzambe, boyei kozwa kondima lokola boyebi.Yango ezali kondima na mosuni. Kasi kolandisama na lolenge bokososola mpe bokosalela Liloba, bokoya na kozwa kondima na molimo.

Soki bososoli limbola na molimo na Liloba na solo na Nzambe mpe bofandisi moboko na kondima kati na kosalelaka yango, Nzambe Akosepela mpe Akopesa bino kondima na molimo. Yango elongo na kondima oyo na molimo eye epesami na likolo, bokozwa biyano na mabondeli na bino mpe solution na bakokoso na bino. Bokomona mpe Nzambe na bomoi.

Na nzela na likambo oyo, ba tembe mikolongwa bino, makanisi mpe mayebi na bato mikobukama, mpe bokotelema na libanga na kondima esika wapi bokotikalaka koningisama te na momekano na lolenge soko nini mpe konyokwama. Na tango bokomi moto na solo mpe na motema lolenge na Christu, elakisi ete moboko na kondima na bino etiami mpona libela. Elongo na moboko oyo na kondima bokoki kozwa eloko nioso oyo esengaki bino na kondima wana.

Kaka lolenge Nkolo Yesu Alobaki kati na Matai 8:13, "Esalema yo lokola endimeli yo." Soki boye na kozwa kondima ya molimo na kokoka, ezali kondima na oyo bokoki kozwa eloko nioso esengaki bino. Bokoki kobika bomoi ekopesaka nkembo na Nzambe kati na makambo nioso ezali bino kosala. Bokoingela kati na bolingo mpe lopango makasi na Nzambe mpe bokokoma esengo makasi mpona Nzambe.

Sasaipi tika tozinda kati na makambo mike matali kondima na molimo. Nini makambo makopekisaka moto mpona kozwa kondima na molimo? Lolenge kani bokoki kozwa kondima na molimo? Mapamboli na lolenge nini ba tata na molimo bazwaki kati na Biblia? Mpe na suka tokotala na lolenge nini ba oyo batiaka makanisi na makanisi na mosuni babwakamaka.

Bipekiseli mpona Kozwa Kondima na Molimo

Na kondima na molimo bokoki kozala na lisolo na Nzambe.
Bokoki koyoka malamu mongongo na Molimo Mosantu.
Bokoki kozwa biyano na mabondeli na bino mpe bosenga.
Bokoki kopesa nkembo na Nzambe ezala na tango na kolia na bino to mpe na komela to na nioso ekosala bino. Mpe bokobika kati na bolamu, kondimama mpe guaranti na Nzambe kati na bomoi na bino.

Bongo mpo nini bato bazangaka kondima na molimo? Sasaipi tika ete totala kati na makambo nini epekisaka bison a kozwa kondima na molimo.

1) Makanisi na Mosuni

Baloma 8:6-7 "Kotia motema na makambo na nzoto ekoyeisa bobele kufa, nde kotia motema na makambo na molimo ekoyeisa bomoi mpe kimia. Mpo ete motema motiami epai na nzoto ezali moyini na Nzambe. Eyebi kotosa mibeko na Nzambe te ; ekoki mpe kosalaka boye te."

Makanisi makoki kokabolama na biteni mibale; moko ezali na mosuni na lolenge na yango mpe mosusu ezali na molimo. Likanisi na mosuni elakisi makanisi na lolenge nioso mafandisama kati na nzoto, mpe ezali solo te nioso. Makanisi na mosuni mazali na ngambo na masumu pamba te mazali kolandana na mokano na Nzambe te. Makobotaka kufa lolenge elobama kati na Baloma 6:23 ete, "Lifuti na masmu ezali kufa." Na kokesana, makanisi na molimo etalisi makanisi na solo, mpe ezali kolandisama na mokano na Nzambe- boyengebene mpe bolamu. Makanisi na molimo makobotaka bomoi mpe makomemaka kimia kati na biso.

Ndakisa, toloba ete bokutani na kokoso to mpe mimekano maye makoki te kolongama na makasi na bato mpe makoki. Makanisi na mosuni makomemela bino komitungisama mpe mitungisi. Kasi makanisi na molimo ekomema bino na kolongola mitungisi, mpe kopesa matondi mpe kosepela na nzela na Liloba na Nzambe kolobaka ete, "Bosepelaka ntango nioso. Bobondelaka na kotika te. Botondaka kati na makambo nioso mpo ete oyo ezali mokano na Nzambe mpona bino kati na Christu Yesu" (1 Batesaloniki 5:16-18).

Na boye, makanisi na molimo mazali mpenza na kokesana na oyo na mosuni, boye na makanisi na mosuni bokoki te mpe bokozala te ba oyo bakomi nan se na mobeko na Nzambe. Yango tina makanisi na mosuni mazali kotelemela Nzambe mpe makopekisaka biso mpona kozwa kondima na molimo.

2) Bilembo/Misala na Nzoto

Bilembo/misala na nzoto etalisi masumu na lolenge nioso, "Misala na nzoto imonani polele, yango oyo: ekobo, makambo na bosoto, pite, kosambela bikeko, ndoki, nkaka, kowelana, zua, nkanda, kolulela, kokabwana, koponapona, koboma bato, kolangwa masanga, bilambo na lokoso mpe makambo na motindo yango. Nazali kokebisa bino lokola ekebisaki ngai bino liboso ete baoyo bakosalaka makambo yango bakosangola bokonzi na Nzambe te."

Soki bokobwaka te misala na nzoto, bokoki soko kozwa kondima na molimo te to mpe te kosangola bokonzi na Nzambe. Yango tina misala na nzoto ezali kopekisa bino na kozwaka kondima na molimo.

3) Mayebi na ba Lolenge Nioso

Dictionaire Webster Reviser Unabridged etalisi "theori » lokola 'Doctrine, to mayele mabe na biloko, maye makosukaka na speculation to kotalelaka, kati na kozanga likanisi na kosalela solo ; na ba hypothese ; speculation » to « lolenge na kotalisa pricipe generale to mpe abstrait na mayebi nioso." Likanisi na theory ezali eteni na koyeba eye endimaka kokelama na eleko longwa na eloko mosusu, kasi ezali na lisungi moko te mpona biso kozwa kondima na molimo. Ezali kutu kopekisa biso mpona kozwa kondima na molimo. Tika biso tokanisa mpona ba theory nioso mibale na kokela mpe na Darwinisme na evolution. Mingi na bato bayekolaka na kelasi ete bato bakola longwa na makaku. Kati na kotelemela yango mpenza, Biblia elobeli na biso ete Nzambe Akelaka moto. Soki bokondima Nzambe na Nguya Nioso, bosengeli kopona mpe kolanda ete kokelama esalema na Nzambe ata soki bayekolisaka bino na kelasi mayebi na evolution

Kaka na tango bolongwe na mayebi na evolution elakisamela bino na kelasi na oyo na kokelama na Nzambe, nde bokoka kozwa kondima na molimo. Soko te, mayebi nioso makopekisaka bino na kozwa kondima na molimo pamba te ekoki te mpona bino bondima ete eloko esalama longwa na eloko moko ten a malakisi oyo na evolution. Ndakisa, ata na bokoli makasi na mayele bato bakoki te kosala nkona na bomoi, yango sperme mpe ovaire. Bongo, lolenge kani eloko esalema longwa na eloko moko te soko kaka ezali kati na kondima na molimo?

Na boye, tosengeli kobwakisa malakisi mpe mayebi mana, mpe eloko nioso mpe malakisi nioso makotelemelaka mayebi na solo na Nzambe, mpe komema makanisi nioso nan se na nguya mpe na kotosa Christu.

Saulo Alandaki Makanisi na Mosuni mpe Azangaki Botosi

Saulo azalaki mokonzi na liboso na bokonzi na Yisalele, kasi abikaki te kolandisama na mokano na Nzambe. Amataki na ngwende na bosenga na baton a mboka. Nzambe Asengaki na ye ete aboma Amaleki mpe abebisa nioso azalaki na yango mpe aboma basi elongo na mibali, bana mpe banungi, ba ngombempe bibwele, bakamele elongo na ba mpunda na kotisa eloko moko te. Mokonzi Saulo abukai Bamaleke mpe alongaki etumba monene. Kasi atosaki te mobeko na Nzambe; nde abatelaki bam pate kitoko mpe ba ngombe.

Saulo asalaki kolandisama na makanisi na mosuni, mpe abatelaki Agaga mpe ba mpate kitoko, ba ngombe, na bibwele na lolenge misusu, mpe nioso oyo amonaki malamu mpona kopesa Nzambe mbeka na yango. Alingaki mpenza te koboma yango nioso. Ezaleli oyo ezalaki bozangi botosi mpe lolendo na miso na Nzambe. Nzambe Apamelaki ye mpona esaleli na ye mabe na nzela na mosakoli Samuele mpo ete akoka kotubela mpe alongwa na yango. Kasi, Mokonzi Saulo alukaki na komilongisa mpe atelemaki na boyengebene na ye moko (1 Samuele 15:2-21).

Lelo ezali na ebele na bandimi oyo bazali kosala lokola Saulo. Bango naino basosoli te bozangi botosi na bango moko, to mpe bandimaka ten a tango bazwi Pamela likolo na yango. Na esika bakolukaka na komilongisaka mpe bakobetaka sete na ba nzela na bango moko kolandisama na makanisi na bango na mosuni. Na suka bakomonana kozala baton a bozangi botosi ba oyo bazali na lolenge na nzoto lolenge na Saulo. Mpo ete nioso

Bobuka Makanisi na Lolenge Nioso mpe Mayebi · 37

100 /100 kati na bango bakesana na makanisi na bango, soki bakosalaka kolandisama na makanisi na bango moko, bakoki te kosangana. Soki basali kolandisama na makanisi na bango moko bakoya na kozanga kotosa. Kasi soki basali kolandisama na solo na Nzambe, bakokoka kotosa mpe na kosangana.

Nzambe Atinda mosakoli Samuele epai na Saulo. Saulo atosaki liloba na ye te mpe Mosakoli alobaki na Saulo ete, "Mpo ete kotomboka ezali lokola lisumu na ndoki, mpe nko ezali lokola lisumu na bikeko. Yo oboyi Liloba na YAWE, bongo Ye Aboyi yo bongo ete ozala lisusu mokonzi te" (1 Samuele 15:23).

Lolenge moko, soko moto akotia motema na makanisi na bato mpe akolandaka te mokano na Nzambe, ezali kozanga kotosa na miso na Nzambe, mpe soko azali kososola kozanga kotosa na ye te mpe alongwe na yango, azali na nzela mosusu te kasi kaka na kobwakama na Nzambe lokola Saulo.

Kati na 1 Samuele 15:22, Samuele apamelaki Saulo na kolobaka ete, "Yawe Akosepela mbeka na miboma lokola Ye Akosepela botosi na kotosa mongongo na Ye? Tala kotosa eleki moboma na malamu mpe koyoka eleki mafuta na bampate." Ata soki makanisi na bino mamonani malamu na lolenge nini, soki mazali kotelemela Liloba na Nzambe, bosengeli kotubela mpe kolongwa na yango nde mbala moko. Lisusu, bosengeli komema makanisi na bino nan se na mokano na Nzambe.

Batata na Kondima Oyo Batosaka Liloba na Nzambe

Dawidi azalaki mokonzi na mibale na Yisalele. Ye alandaka makanisi ma ye moko te wuta bomwana na ye, kasi atambolaka kaka kati na kondima epai na Nzambe. Abangaka te ba ngombolo mpe ba nkosi na tango azalaki koleisa etonga, mpe na tango mosusu abundaki mpe akweisaki ba nkosi mpe ba ngombolo kati na kondima mpona kobatela etonga. Na sima, kaka na kondima, abukaki Golia, moto makasi na Bafilisia.

Ezalaki na likambo esika wapi Dawidi ayaka kobuka Liloba na Nzambe sima na ye kofanda na Ngwende na ye. Na tango azwaki Pamela na mosakoli likolo na yango, alobaki liloba moko ten a komilongisa, kasi na mballa moko atubelaki mpe alongwaki na yango, mpe na suka akomaki mosantisami na koleka. Boye, bokeseni makasi ezalaki kati na Saulo, moto na nzoto, mpe Dawidi, moto na molimo (1 Samuele 12:13).

Na tango ezalaki ye kotambwisa etonga kati na lisobe ba mbula 40, Mose abukaki makanisi na lolenge nioso mpe mayebi mpe amikitisaki mingi liboso na Nzambe kino tango akokaki kobengama na Nzambe mpona kotambwisa Bayisalele libanda na boumbo na Ejipito.

Na kokanisaka kolandisama na makanisi na bato, Abalayama abengaka mwasi na ye ndeko na ye mwasi, Kasi sima na ye kokoma moto na molimo na nzela na mimekano, akokaki ata kotosa Mobeko na Nzambe kolobelaka ye ete abonza Yisaka mwana na ye se moko lokola mbeka na kotumba. Soki ata moke amitikaka kati na makanisi na mosuni, akokaki ata moke te kotosa motindo wana na Nzambe. Yisaka azalaka kaka mwana na ye se moko oyo abotaka na ba mbula na ye na sima mingi, mpe lisusu asengelaki kozala nkona na elaka na Nzambe mpe lokola. Bongo, na makanisi na nzoto ekoki komonana malamu tem pa na kokota sokote mpona kokatakata ye na biteni lokola ebwele mpe kobonza ye lokola mbeka na kotumba. Abalayama atikala koyima te kasi andimaki kutu ete Nzambe Azali na makoki na kosekwisa ye na bakufi mpe atosaki (Baebele 11:19).

Namana motambwisi na mapinga na mokonzi na Suria, apesamaki lokumu mingi mpe alingamaki mingi epai na mokonzi, kasi ye abetamaki na maba, mpe akendeki epai na Mosakoli Elisa mpona kozwa kobikisama na bokono na Ye. Ata soki amemaki ebele na mabonza mpona komona misala na Nzambe, Elisa ekotisaki ye na ndako te, kasi atindelaki ye mosali na ye mpona koloba na ye ete ete, "Kenda kosokola mbala sambo na ebale na Yaladene mbala nsambo mpe nzoto nay o ekobika" (2 Mikonzi 5:10). Na makanisi na mosuni, Namana amonaki yango ezombo mpe kokitisa mpe epesaki ye nkanda.

Kasi abukaki makanisi na ye na mosuni mpe atosaki motindo sima na koyoka toli na basali ba ye. Amizindisaki ye mpenza kati na Ebale na Yaladene mbala sambo, mpe loposo na ye ezongaki sika mpe ye apetolamaki.

Mai malakisaka Liloba na Nzambe, mpe motuya na '7' etalisaka kokokisama, boye 'kozindisama mbala 7 kati na

Ebale na Yaladene' elakisi kokoma "mosantu na kokoka kati na Liloba na Nzambe." Na tango osantisami, okoki kozwa eyano na likambo na lolenge nioso ozali na yango. Boye, Na tango Namana atosaki Liloba na Nzambe eye esakolamaki na Mosakoli Elisa, mosala na kokamwisa na Nzambe asalemelaki ye (2 Mikonzi 5:1-14).

Na Tango Bolongoli Makanisi na Bato mpe Mayebi Bokoki Kotosa na Mobimba

Yakobo Azalaki mayele mabe mpe azalaki na mayele na lolenge nioso, boye amemaki kokokisa na ba lolenge ndenge na ndenge. Na bongo, anyokwamaki mikakatano na ba lolenge na lolenge mpona ba mbula 20. Na suka ekweyaki kati na likambo monene na ebale na Yaboki. Akokaki lisusu te kozonga na ndako na noko na ye to mpe kokenda liboso pamba te kulutu na ye mobali, Esau azalaki kozela na ngambo mosusu na ebale mpona koboma ye. Kati na likama na lolenge oyo bo ngai kati na ye mpe makanisi nioso na nzoto mibukanaki mpenza mpenza. Nzambe Asimbaki motema na Esau mpe Azongisaki boyokani kati na ye na ndeko na ye mobali. Na lolenge oyo Nzambe Afungolaki nzela na bomoi mpo ete Yakobo akokoka kokokisa mokano na Nzambe (Genesis 33:1-4).

Nzambe Aloba kati na Baloma 8:5-7 ete, "Pamba te baoyo bazali bato na nzoto bakotia motema na makambo na nzoto; nde baoyo bazali na molimo bakotia mitema na makambo na

Molimo. Kotia motema na makambo na nzoto ikoyeisa bobele kufa, nde kotia motema na makambo na molimoekoyeisa bomoi mpe kimia. Mpo ete motema motiami epai na nzoto ezali moyini na Nzambe. Eyebi kotosa mibeko na Nzambe te ; ekoki mpe kosalaka boye te. Bango bazali kotia motema na makambo na nzoto bayebi kosepelisa Nzambe te." Yango tina esengeli na biso kobebisa likanisi nioso, mayebi nioso, mpe libanzo nioso ikotelemelaka boyebi na Nzambe. Tosengeli komema nkanza nioso nan se na kotosa Christu mpo ete ekoka kopesamela biso kondima na molimo mpe totalisa misala na botosi.

Yesu Apesaki mobeko na sika kati na Matai 5:39-42 kolobaka ete, "Nde Ngai Nazali koloba na bino ete botelemela mabe te. Soko nani akobeta yo na litama, na mobali pesa ye oyo mosusu na mwasi. Mpe na ye oyo alingi kofunda yo mpo na elamba nan se, akamata mpe elamba na libanda lokola. Mpe ye nani akangi yo ete okende Kilometelo moko, kenda na ye mibale. Pesa epai na ye oyo akosenga yo mpe obongwana te longwa na oyo alingi kodefa na yo.

Ezala mbala boni okotatolaka kondima nay o na bibebo na bino, kaka soki botie makanisi na bino na pamba mpe mayebi, bokoka soki kotosa to mpe te kokutana Misala na Nzambe to mpe kotambwisama na kofuluka mpe kokende liboso. Nasengi na bino mpenza bokanga liloba oyo na Nzambe ekomama kati na Yisaya 55:8-9, kolobaka ete, "Mpo ete makanisi na Ngai mazali makanisi na bino te mpe nzela na bino izali nzela na Ngai te. YAWE Alobi bongo. Pamba te lokola Lola eleki mokili likolo, boye nzela na Ngai eleki nzela na bino mpe makanisi na Ngai maleki makanisi na bino.'"

Bosengeli koboya kozala na makanisi nioso mpe mayebi na bato mpe na esika bozala na kondima na molimo lolenge na kapitene oyo akumisamaki na Yesu mpona komitika na ye mobimba epai na Nzambe. Na tango mokapitene ayaka epai na Yesu mpe asengaki na Yesu ete Abikisa moumbu na ye oyo nzoyto na ye mobimba ekangamaki likolo na pasi, atatolaki na kondima ete moumbo akobika kaka na Liloba elobi Yesu. Azwaki eyano lolenge endimaki ye. Na lolenge moko, soki bokomi na kondima oyo na molimo, bokoki kozwa biyano na mabondeli na bino nioso mpe ba bosenga mpe bopesa Nzambe nkembo nioso.

Liloba na solo na Nzambe ebongolaka molimo na moto mpe epesaka na ye nzela na kokoma na kondima elandisami na misala. Bokoki kozwa biyano na Nzambe na kondima oyo na bomoi mpe na molimo. Tika ete moko na moko kati na bino bobuka makanisi nioso na nzoto mpe mayebi pamba na bato mpe bokoma na kondima na molimo mpo ete bokoka kozwa nioso eye esengaki bino kati na kondima mpe bopesa nkembo epai na Nzambe.

Chapitre 4

Bolona ba Nkona na Kondima

Bagalatia 6:6-10

"Tika ete ye oyo alakisami Liloba akabola biloko nioso malamu na ye oyo akolakisaka ye. Bomizimbisamaka te; Nzambe Akosamaka te; Soko moto akolona nini akobuka bobele yango. Soki akoni kati na nzoto akobuka libebi kati na nzoto; nde ye oyo akokona kati na molimo akobuka bomoi na seko na nzela na Molimo. Tolembeka te kosalaka malamu pamba ten a tango oyo ekoki, tokobuka soko tokotika motema te. Soko tozui nzela tosalela bato nioso malamu mpe na koleka epai na bango bazali bandimi."

Yesu Alakaki biso kati na Malako 9:23 ete, "Soki okoki?' Nioso ekoki na ye oyo andimi." Bongo na tango kapitene ayaki epai na Ye mpe atalisaki kondima monene boye, Yesu Alobaki na ye ete, "Esalemela yo lolenge endimi yo" (Matai 8:13), nde bongo mosali abikaki kaka ngonga moko wana. Yango ezali kondima na molimo oyoememaka bison a kondima nini ekoki komonana na miso te. Ezali mpe kondima oyo elandisamaka na misala maye makopesa na biso nzela na kotalisa kondima na bison a nzela na misala. Ezali kondima na kondima ete eloko esalemi longwa na eloko moko te. Yango tina kondima etalisama lolenge eye kati na Baebele 11:1-3 ete: "Kondima elendiseli na biloko bikolikia biso; ezali mpe elimbweli na biloko bizangi komonana. Pamba ten a yango, mikolo bazuaki matatoli. Mpo na kondima, tososoli ete mokili ezalisamaki na Liloba na Nzambe, bongo biloko bikotalaka biso bibimaki na biloko bikomonana te."

Soki bozali na kondima na molimo, Nzambe Akosepela na kondima na bino mpe Akondimela bino mpona bozwa nini nini esengaki bino. Bongo nini esengeli na biso kosala mpona kozala na kondima na molimo?

Kaka lolenge moloni alonaka ba nkona na ye na tango sima na malili mpe akobuka mbuma na ye sima na tango na moi makasi, tosengeli kolona ba nkona na biso kati na kondima mpona kozwa mbuma na kondima na molimo.

Sasaipi tika totala kati na lolenge ninii kolona nkona na kondima na nzela na masese na kolona ba nkona mpe kobuka ba mbuma na yango kati na elanga. Yesu Alobaki na ebele o nzela na masese, mpe Alobaki na bango te soko kosalela masese te (Matai 13:34). Ezali mpo été Nzambe Azali molimo mpe biso, ba oyo tozali kobika kati na mokili oyo na mosuni lokola bato, tokoki te kososola mokili na molimo na Nzambe. Kaka na tango balakisi biso mokili na molimo na nzela na masese na mokili oyo na mosuni, tokokoka kososola mokano na solo na Nzambe. Yango tina Nalibola na bino lolenge nini kolona ba nkona na kondima mpe kozala na kondima na molimo na nzela masese na elanga.

Kolona ba Nkona na Kondima

1) Yambo, bosengeli kolongola matiti na elanga.

Likolo na nioso, moloni azalaka na bosenga na elanga mpona kolona ba nkona. Mpona kokomisa elanga na ye malamu, moloni asengeli kosalela ba fumier malamu, abalola mabele, alokota mabanga, mpe akitisa ba ngomba mike kati na elanga na mosala na ye na kotimola, kobongisa mpe kobenda malamu mabele. Kaka wana nde, ba nkona malonami kati na elanga ikokola malamu mpe epesa ebele na ba mbuma malamu na tango na kobuka.

Kati na Biblia Yesu Atalisaki na biso mabele na lolenge minnei. Elanga elakisi motema na moto. Lolenge na liboso ezali elanga na ballala esika wapi nkona elonami ekoki te komata pamba te ezali makasi mingi; mibale ezali elanga na mabanga mingi esika wapi ba nkona milonama mikobimaka na pasi to mpe moke ekomata na pasi likolo na mabanga kati na elanga; misato ezali elanga na ba nzube esika wapi ba nkona mikobima kasi mikozanga kokola malamu mppe kobimisa ba mbuma malamu likolo na ba nzube ikibisi yango; ya suka mpe minei ezali mabele malamu esika wapi ba nkona mazali kobimisa, kokola malamu, mpe kobimisa fololo mpe sima ebele na mbuma malamu.

Na lolenge moko, elanga na motema na moto ekabolama na ba lolenge minei; yambo ezali motema lolenge na mabele na balabala esika wapi bango bakoki te kososola Liloba na Nzambe; mibale ezali elanga etonda mabanga esika wapi bazali kozwa Liloba kasi bakopaengwa na tango na mimekano mpe minyokoli mitelemaka; misato ezali elanga na motema lolenge na elanga itonda nzube esika wapi mitungisi na mokili oyo mpe kokosama na misolo ekokibisaka Liloba na Nzambe mpe ekopekisaka ba oyo bazali koyoka babota mbuma te; suka mpe na miinei ezali elanga na motema malamu esika wapi bango basosolaka Liloba na Nzambe mpe babotaka mbuma malamu. Kasi aya elanga na motema malamu na lolenge nini bozali na yango, soki botimoli mpe bopetoli elanga na motema lolenge na moloni atokaka mpe abimisaka milunge na mbunzu elanga na motema na bino ekoki kombongwana na oyo na malamu wana. Soki ezali makasi, bosengeli kotimola yango mpona kokomisa yango pete, soki ezali na mabanga, bosengeli kolokota mabanga mpe kolongolla yango; soki ezali na nzube, bosengeli kolongola ba nzube mpe bongo bosengeli kokomisa yango mabele malamu na kosalelaka ba fumier.

Soki moloni azali na bolembu, akoki te kopetola elanga mpona kokomisa yango na malamu, na tango moloni na nguya asalaka makasi na ye mpona kozwa mpe kopetola mabele mpe kokomisa yango elanga malamu. Mpe na tango ekomi elanga malamu, ekobimisa ba mbuma malamu koleka. Soki bozali na kondima bokomeka oyo ekoki mpona bino kobongola motema na bino na oyo na malamu kati na kotoka mpe kosala makasi. Bongo, mpona bino kososola Liloba na Nzambe, kokomisa motema na bino oyo malamu, mpe na kobimisa ba mbuma, bosengeli na kobunda mpe na kobwaka masumu na bino ata na esika na kotangisa makila. Bongo, na kobwakaka masumu na bino mpe mabe kolandisama na Liloba na Nzambe kaka lolenge esengi Nzambe na biso ete tolongola mabe na lolenge nioso kati na elanga na motema na bino, kolongola matiti mabe, mpe kobongola yango na elanga malamu.

Moloni akotokaka noki noki mpe akosala mpo ete andimi ete akobuka ebele na biloko soki atimoli, abongisi, mpe abendibendi mabele mpe abongoli elanga na oyo na malamu wana. Na lolenge moko, nakolikia mpona bino bondima ete soki bobaloli mpe bobongoli elanga na motema na bino na oyo na malamu, bokoingela kati na bolingo na Nzambe, bokotambwisama kati na kokende liboso mpe na bofuluki mpe bokoingela kati na esika malamu na Lola, mpe na kobunda na mpe na kobwaka masumu masumu na bino kino na esika na kotangisa makila. Boye kati na motema na bino nkona na kondima na molimo elonama mpe bobota ebele na ba mbuma ekoka bino kobota.

2) Elandi, ba nkona masengeli mpenza.

Sima na kopetola elanga, bosengeli kolona ba nkona mpe na kosunga ba nkona kobima. Moloni alonaka ba nkona na lolenge na lolenge mpe abukaka ebele na biloko na ba lolenge na lolenge lokola, ba chou, matembele, ba pateque, madesu na langi na pondu, na langi motane, mpe bongo na bongo.

Na lolenge moko, tosengeli kolona ba nkona na lolenge na lolenge kati na elanga na mitema na biso. Liloba na Nzambe esengi na biso tosepelaka tango nioso, kobondelaka na kotika te, kopesa matondi kati na makambo nioso, kopesa moko na zomi nioso, kobatela Mokolo na Nkolo bulee, mpe kolinga. Na tango maloba mana na Nzambe milonami kati na motema na bino, mikobimisa, komata, mpe na kokola na kobota ba mbuma na molimo. Bokokoka na kobika kati na Liloba na Nzambe mpe bokoma na kondima na molimo.

3) Mai mpe moi masengeli mpenza.

Mpona moloni kobuka malamu, esengeli te kaka mpona ye kobongisa mabele na elanga mpe kobongisa ba nkona. Mai elongo na moi misengeli mpe lokola. Kaka wana nde, ba nkona mikobima mpe mikokola malamu.

Ninini mai elakisi?
Yesu Alobi kati na Yoane 4:14 ete, "Nde ye oyo akomela mai makopesa Ngai epai na ye akoyoka mposa lisusu libel ate; kasi mai makopesa Ngai ye makozala moto na mai kati na ye kopunjwapunjwa kati na ye kino bomoi na seko." Na molimo mai elakisi "mai kopunjwapunjwa kino bomoi na seko," mpe

main a seko elakisi Liloba na Nzambe lolenge ekomama kati na Yoane 6:63 ete, "Maloba masili Ngai kosololana na bino." Yango tina Yesu Alobi kati na Yooane 6:53-55 ete, "Solo, solo, Nazali koloba na bino ete, soko bokolia mosuni na Mwana na Moto te mpe bokomela makila na Ye te, bokozala na bomoi kati na bino mpenza te. Ye oyo akoliaka mosuni na Ngai mpe akomelaka makila na Ngai azali na bomoi na seko mpe Ngao Nakosekwisa ye na mokolo na suka.Mpo ete mosuni na Ngai ezali bilei na solo mpe makila na Ngai ezali bimeli na solo." Na lolenge wana, kaka na tango bokotangaka nokinoki, koyoka mpe na kokanga na motemma Liloba na Nzambe mpe kobondelaka makasi na yango, nde bokokoka kokende na nzela na bomoi na seko mpe kokoma na kondima na molimo.

Elandi, nini pole na moi elakisi?
Pole na moi esungaka ba nkona kobimma malamu mpe na kokola malamu. Na lolenge moko, soki Liloba na nzambe ekoti kati na motema na bino, nde Liloba na Nzambe ekozala pole eye ezali kobengana molili kati na motema. Ezali kopetola motema na bino mpe ekobongola elanga na oyo na malamu wana. Boye, bokoki kozala na kondima na molimo na esika wapi pole na solo etondi motema na bino.

Na nzela na lisese na moloni, toyekoli ete tosengeli na kopetola elanga na motema, tobongisa ba nkona malamu, mpe kopesa mai esengeli mpe pole na moi na tango ba nkona milonami. Elandi, tika totala kati na lolenge nini kolona ba nkona na kondima mpe lolenge nini komatisa yango.

Lolenge Nini Kolona mpe Kokolisa ba Nkona na Kondima

1) Yambo, bosengeli kolona ba nkona na kondima kolandisama na lolenge na Nzambe.

Moloni alonaka ba nkoonna na kokesana kollandisama na nkona nini yango ezali. Alonaka ba nkona misusu na mozindo kati na mabele, na tango misusu milonamaka na likolo. Na lolenge moko, bosengeli kokesenisa ba lolenge na kolona ba nkkoona na kondima elongo na Liloba na Nzambe. Ndakisa, na tango bozali kolona mabondeli, bosengeli konganga na motema na sooloo mpe na momesano kofukama lolenge elimbolama kati na Biblia. Kakka wana nde bokokoka kozwa biyanoo na Nzambe (Luka 22:39-46).

2) Mibale, bosengeli kolona kati na kondima.

Kaka lolenge moloni azalaka na nguya mmpe makasi na tango ezali ye kolona ba nkona, mpo ete ye andimi mpe azali kolikia ete akobuka mbuma, bosengeli kolona ba nkona na kondima-Liloba na Nzambe- kati na esengo mpe elikia ete Nzambe Akotika bino bobuka mingi mpenza. Boye, kati na 2 Bakolinti 9::6-7, Azali kopesa biso makasi na kolobaka ete: "Ezali bongo ete ye oyo akokona moke akobuka moke nde ye oyo akokona mingi akobuka mingi. Moto na moto asala pelamoko na motema na ye, na mposa moke te mpe na kopusamate; mpo Nzambe Alingi ye oyo akopesaka na esengo."

Ezali mobeko na mokili oyo mpe mobeko na mokili na molimo ete tosengeli kobuka nini elonaki biso. Boye, na lolenge kondima na bino ezali kokola, elanga na motema na binoo ekokoma mallamu. Lolenge bokolona mingi bokobuka mpe mingi. Na boye, ezala nkona na olenge nini ekolona bino bosengeli kolona yango kati na kondima, kopesaka matondi mpe na esengo mpo ete bokoka kobuka ebele na ba mbuma.

3) Misato, bosengeli kolandela malamu mingi na ba nkona mibandi komata.

Sima na moloni kobongisa mabele mpe kolona nkona, asengeli kobwaka mai na tango esengeli, apekisa ba nyama mike kolia yango na kobwakaka kisi, akoba na kotiaka fumier kati na elanga, mpe kolongola matiti. Soko te mikokauka mpe ikoki kokola te. Na tango Liloba na Nzambe ekonami, esengeli mpe na kolandelama mpona kopekisa moyini zabolo mpe Satana na kopusana pembeni. Moto asengeli kolandela yango kati na mabondeli makasi, akangama na yango kati na esengo mpe na kopesaka matondi, ayaka kati na mayangani, akabola yango na mayanganoi na Bakristu, atanga mpe ayoka Liloba na Nzambe mpe asalela yango. Boye nkona ekonamaki ekoki komata, kokobimisa ba fololo, mpe kobota ba mbuma.

Nzela na Kkobimisa ba Fololo mpe Ba MMbuma Mikobimaka

Soki kaka moloni azali kolandela ba nkona elonaki ye te, ba nyama bakoki kolia yango, mpe matiti makokola, mpe mikopekisa ba nkona mpona kobima mpe kobimisa ba mbuma. Moloni asengeli te kolemba kati na mosala na ye kasi azela kati na kokanga motema ba nkona mikola kino tango ekobuka ye mbuma ebele. Na tango ngonga esengeli eyei, ba nkona mikokola, ebimisi ba fololo, mpe suka suka ba mbuma ekobima na nzela na ba nzoi mpe na mapekammekka. Na tango ba mbuma iteli, moloni akoki bongo kobuka ba mbuma malamu kati na esengo. Boni esengo ekozala ye na tango misala na ye nioso mppe kokanga motema embongwani na ba mbuma malamu mpe na motuya esengela na kobuka na mbla mokama, ntuku motoba, to ntuku misato na oyo elonaki ye!

1) Yambo, ba fololo na molimo mikobima.

Nini yango elakisi ete "ba nona na kondima mikokola mpe mikobimisaka ba fololo na molimo'? Soki ba fololo mikobimaka, mikopesaka solo malasi, mpe malasi ekobendaka ba nzoi mpe mapekapeka. Na lolenge moko, na tango elonaki biso nkona na Liloba na Nzambe kati na elanga na motema na biso mpe mizali kolandana malamu,, na lolenge ezali biso kobika kolandisama na Liloba na Nzambe tokoki komema ba fololo na molimo mpe kolumbisa malasi na Christu. Lisusu tokoki kosala mosala na pole mpe mungwa na mokili mpo ete ebele na bato bamona misala na biso malamu mpe bakumisa Tata na bison a likolo (Matai 5:16).

Soki bokobimisaka malasi na solo na Christu, moyini zabolo akobimisama libanda mpe bokokoka kopesa nkembo na Nzambe kati na ba ndako na bino, bombongo mpe bisika na kosala. Kati na kolia to mpe na komela to mpe nini nini ekosalaka bino, bokoka kopesa nkembo na Nzambe. Lokola lifuti, bokobota mbuma na koteya Sango Malamu, bokokisa Bokonzi mpe bosembo na Nzambe, mpe bombongwana na moto na molimo kati na kopetola elanga na motema mpe kokomisa yango oyo na malamu.

2) Elandi, ba mbuma mikobota mpe mikotela.

Lokola bafololo mikobima, ba mbuma mikobimaka mpe na tango ba mbuma miteli, moloni akobuka yango. Soki tokosalela yango kati na kondima na biso, mbuma na lolenge nini ekoki biso kobota? Tokoki kobuka ba mbuma na lolenge na lolenge na Molimo Mosantu at aba mbuma libwa na Molimo Mosantu lokola ekomama kati na Bagalatia 5:22-23, ba mbuma na Bato na Esengo kati na Matai 5, mpe mbuma na bolingo na molimo lokola ekomama kati na 1 Bakolinti 13.

Na nzela na kotanga Biblia mpe koyoka na Liloba na Nzambe, tokoki kotala soki tobotaki ba fololo, mpe tobotaki ba mbuma, mpe lolenge nini kotela ba mbuma mizali. Na tango ba mbuma libwa mikomeli mpenza, tokoki kobuka yango na tango nioso mpe tosepela yango na tango esengeli. Nzembo 37:4 elobi ete, "Omisepelisa na YAWE, mpe Ye Akopesa yo mposa nioso na motema na yo." Ezali lolenge moko lokola kotia ba milliard na ba dollar kati na compte na banki mpe kokoka kosalela misolo yango na lolenge nioso elingeli moto yango.

3) Suka, bokobuka lolenge elonaki bino.

Ata na tango nini, moloni akobukaka oyo elonaki ye, mpe

Bolona Nkona na Kondima · 55

abandelaka yango mbula na mbula. Awa motuya na kobuka na ye ekesanaka kolandisama na boni boni elonaki ye mpe na makasi nini mpe bosembo nini alandelaki ba nkona.

Soki bolonaki kati na kobondela, molimo na bino ekokende liboso, mpe soki bolonaki kati na sembo mpe na kosalela, bokosepela nzoto malamu kati na molimo mpe kati na nzoto. Soki mpenza bolonaki misolo, bokosepela lipamboli na misolo mpe bosunga babola na lisungi lolenge elingeli bino. Nzambe Alaki biso kati na Bagalatia 6:7, "Bomizimbisa te, Nzambe Atiolamaka te; mpona nini nini moto akokona, akobuka yango mpe lokola."

Biteni mingi kati na Biblia endimisi elaka oyo na Nzambe na kolobaka ete moto oyo akonaki akobuka oyo ekonaki ye. Kati na chapitre zomi na sambo na 1 Mikonzi ezali na lisolo na mwasi mokufeli mobali kobikaka na Salapeta. Mpo ete mbula ezalaki kun ate kati na mboka mpe mokele ikaukaki, ye elongo na mwana na ye mobali bazalaki pembeni na kokufa nzala. Kasi alonaki ndambo na farine kati na nzungu mpe moke na mafuta kati na eluku mpona Elia, moto na Nzambe. Na tango wana tango bilei izalaki ezalaki na motuya koleka wolo, ekokaki soko moko te mpona ye kosala yango soko kondima te. Andimaki mpe atiaki motema na Liloba na Nzambe eye esakolamaki na mosakoli Elia, mpe akonaki yango kati na kondima. Nzambe Apesaki na ye lipamboli na kokamwa mpona kondima na ye, mpe ye, mwana na ye mobali, elongo na Eliya bakokaki kolia kino tango nzala monene ekomaki na suka (1 Mikonzi 17:8-16).

Malako 12:41-44 rtalisi biso mpona mwasi mobola mokufeli mobali oyo atiaka likuta moke, eye ezalaki lokola makuta mokama, kati na libenga. Boni lipamboli monene ezwaki ye na tango Yesu Akumisaki mosala na ye!

Nzambe Atia mobeko na mokili na molimo mpe Aloba na biso ete tokoki kobuka lolenge elonaki biso. Kasi Nasengi na bobanza ete ezali kotiola Nzambe mpona bino kobuka na tango bolonaki te. Bosengeli kondima ete Nzambe Akotika bino bobuka mbala mokama, ntuku motoba, to mpe ntuku misato koleka oyo elonaki bino.

Na nzela na lisese na moloni, totali na lolenge nini esengeli na biso kolona ba nkona na kondima mpe lolenge nini kokolisa yango mpona kozala na kondima na molimo. Sasaipi Nasengi na bino kozongela elanga na motema na bino mpe bokomisa yango na malamu. Bolona ba nkona na kondima mpe bokolisa yango. Boye, bosengeli na kolona ebele lolenge ekokoka bino mpe bokolisa yango kati na kondima mpe elikia mpe kokanga motema lolenge na kozwama mapamboli mbala mokama, ntuku motoba, to ntuku misato. Na tango ngonga esengeli ekokoma, bokobota ba mbuma mpe bokopesa nkembo na Nzambe.

Tika ete moko na moko na bino andima liloba nioso kati na Biblia mpe alona ba nkona na kondima kolandisama na malakisi na Liloba na Nzambe mpo ete bokoka kobota ebele na ba mbuma, bopesa nkembo epai na Nzambe mpe bosepela mapamboli na lolenge nioso!

Chapitre 5

"'Soki Okoki?' Niooso Ekoki na Oyo Andimi!"

Malako 9:21-27

Yesu Atuni tata na ye ete, 'Ye asili koumela na oyo ntango molai boni? Alobi été, 'Longwa na bomwana na ye. Ekobwakaka ye kati na moto mpe kati na mai mpo na koboma ye ; kasi soko okoki kosala eloko, sunga biso mpe yokela biso mawa. Yesu Alobi na ye été, "Soko Nakoki? Makambo nioso makoki na moto na kondima. Tata na elenge angangi nokinoki ete, 'Nazali kondima! Sunga ngai na ntembe na ngai! Emoni Yesu ebele na bango bayangani mbango, Apameli molimo na mbindo, koloba na yango ete, 'Yo molimo na ebubu, Nazali kolaka yo, bima na ye mpe kotela ye lisusu te! Sima na konganga mpe koninganisa ye makasi, abimi mpe elenge alali lokola ebembe. Mingi na bango balobi ete, "Asili kokufa!" Kasi Yesu Akamati ye loboko Anetoli ye mpe mpe atelemi.

Bato batiaka makakambo bakutani na yango kati na bomoi na bango ata na nzela na bisengo, mawa, mpe ba pasi. Ebele kati na bango bakutanaka to mpe bakolekelaka makambo na lolenge na lolenge eye bakoki te kosilisa na mpinzoli na bango, kokanga motema, mpe lisungi na basusu. Ezali na makama na ba bokono ikoki te kosilisama na minganga; makambo na ba bongo euti na ba stress na bomoi eye ekoki mpe te kosilisama na mayele moko na lelo; makambo kati na ba ndako mpe na bana eye ekoki te kosilisama na ebele na koleka na misolo; makambo kati na bombongo mpe na mambi na misolo eye ekoki te kokokisama na eloko soko mpe nini. Mpe ekobi bongo na bongo.Nini ekoki kosilisa makambo mana nioso?

Kati na Malako 9:21-27, tomoni lisolo kati na Yesu mpe tata na elenge oyo akangamaki na milimo mabe. Mwana elenge anyokwamaki solo na ebubu mpe na malali nan deke. Amesanaki komibwakaka kati na mai mpe kati na moto likolo na bokangemi na milimo mabe. Na tango nioso milimo mabe bakangaki ye, bazalaki kobwaka ye na mabele mpe azalaki kobimisa fulufulu na monoko, mpe na kopalolisa mino na ye mpe na komikembisa nzoto.

Sasaipi tika totala lolenge kani tata azwaki eyano na likambo epai na Yesu.

Yesu Apamelaki Tata mpona Kozanga Kondima na Ye

Mwana Azalaki ebubu wuta mbotama na ye mpe boye akokaki koyokela moto moko te mpe azalaki na kokoso makasi mpona ye komisosolisa na bato misusu. Azalaki na momesano kotungisama na malady na ndeke mpe kotalisa bilembo na kokangama. Yango tina tata asengelaki kobika kati na pasi mpe na kokoso mpe azalaki na elikia moko te mpona bomoi.

Na tango tata ayokaki sango na Yesu Ye oyo Asekwisama mokufi na bawa, Abikisaki babeli na ba lolenge nioso, Afungolaki miso na bakufi miso, mpe Asalaki bokamwa na lolenge na lolenge. Sango yango elonaki elikia kati na motema na tata. Ye akanisaki ete, 'Soki Azali na nguya moko na oyo eyokaki ngai, Akoki kobikisa mwana na ngai na ba bokono na ye nioso." Azalaki kobeta tembe ete lobiko na mwana na ye mobali ekokaki kosalema. Kaka na kozela oyo amemaki mwana na ye epai na Yesu mpe Asengaki na Ye ete, "Soki Okoki kosala eloko, yokela biso mawa mpe sunga biso!"

Na tango Yesu Ayokaki ye, Apamelaki ye mpona kozanga kondima, na kolobaka ete, "'Soki Okoki? Makambo nioso makoki na moto na kondima." Ezalaki mpo ete tata ayokaki sango na Yesu, kasi andimaki Ye te kati na motema.

Soki tata ayokaka ete Yesu Azali mwana na Nzambe mpe Ye na Nguya Nioso esika wapi eloko moko te ekoki te, mpe Solo Ye mpenza, Alingaki te koloba na Ye ete, "Soki Okoki kosala eloko, yokela biso mawa mpe sunga biso!"

Soki kondima te ekoki te mpona kosepelisa Nzambe, mpe soki kondima na molimo te ekoki mpe te mpona kozwa biyano.

Mpona Yesu kotika tata oyo kososola likambo oyo, Alobaki na tata ete, "Soki Okoki?" mpe Apamelaki ye mpo ete andimaki na mobimba te.

Lolenge Nini kozala na kondima na Kokoka

Na tango bondimi oyo ekokaki te komonana, kondima na bino ekoki kondimama na Nzambe, mpe kondima yango ebengami 'kondima na molimo,' 'kondima na solo,' 'kondima na bomoi; to; kondima elandisamaka na misala.' Na kondima oyo bokoki kondima ete eloko moko esalemaki na eloko moko te. Ezali mo ete kondima ezali elimbweli na biloko bikolikiaka biso mpe elimbweli na biloko bizangi komonana (Baebele 11:1-3).

Bosengeli kondima kati na motema nzela na ekulusu, lisekwa, kozonga na Nkolo, kokela na Nzambe, mpe bikamwa. Kaka wana nde ekoki kondimelama na bino kozala na kondima ekoka. Na tango botatoli kondima na bibebo na bino, ezali kondima na solo.

Ezali na ba condition misato mpona kozala na kondima na kokoka.

Yambo likolo na nioso, lopango na masumu kati na bino na Nzambe esengeli kobukama. Soki bomikuti na lopango yango na masumu, bosengeli kobuka yango kati na kotubela na yango. Lisusu, bosengeli kobunda na masumu na bino kino na esika na kotangisa makila mpe na kokimma mabe na lolenge nioso na kosalaka mabe moko te mpenza. Soki bozali na masumu mpe bokomi baton a kanda mpe na komitungisama na komona masumu, lolenge nini bokomekaka ata kosumuka? Esika na kobika bomoi na masumu bokoka kososola na Nzambe mpe bozala na kondima na kokoka.

Mibale, bosengeli kolanda mokano na Nzambe. Mpona kosala mokano na Nzambe, yambo na nioso, bosengeli kososola malamu nini mokano na Nzambe ezali.. Bongo ata bosenga na lolenge nini bokoki kozala na yango, soki ezali mokano na Nzambe te, bokosalaka yango te. Na loboko mosusu, ezala soko mpe nini bolingi kosala te, soki yango ezali mokano na Nzambe, bosengeli kosala yango. Na tango bozali kolanda mokano na Ye na motema na bino mobimba, motema pee, makasi mpe bwanya, Akopesa na bino kondima etonda.

Misato, bosengeli kosepelisa Nzambe mpona bolingo mpona Ye. Soki bozali kosala nioso mpona nkembo na Nzambe, ezala soki bozali kolia to mpe komela to mpe nioso ekosalaka bino, mpe soki bozali kosepelisa Nzambe ata na komikabaka mbenka bino mpenza, bokozanga ten a kozala na kondima etonda. Ezali kondima yango nde ekokomisaka makambo makokaki soko te makokisama. Na kondima oyo na kokoka, bokoyaka kaka na kondima nini emonani na miso te mpe ekoki kokokisama na makasi na bino, kasi mpe oyo emonani na miso te mpe ekoki te kosalelma na makoki na bato. Boye na tango botatoli kondima oyo na kokoma, eloko nioso ekokaki te ekokokisama.

Kolandisama na Liloba na Nzambe kolobaka ete, "'Soki Okoki?' Makambo nioso makoki na ye oyo andimi » ekokitela bino mpe bokoki kopesa nkembo epai na Ye na nioso ekosala bino.

Eloko Moko te Ekokoka te na Ye Oyo Andimeli

Na tango kondima na kokoka epesameli bino, eloko moko te ekokoka te epai na bino mpe bokoki kozwa ba nzela na makambo na lolenge nioso. Na esika nini bokoki komona nguya na Nzambe oyo Akomisaka makokaki te ete makoka? Tika ete totala kati na ba lolenge misato.

Esika na liboso kati na oyo misato ezali likambo na ba bokono.

Toloba ete bozali na malali likolo na infection na ba bacterie mpe na nzoto na mobali. Soki botalisi kondima mpe mpe botondisami na Molimo Mosantu, moto na Molimo Mosantu ikotumba ba bokono yango nioso mpe bokobika. Na mozindo koleka, soki botubeli na masumu na bino mpe bolongwe na yango, bokoki kobikisama na nzela na mabondeli. Soki bozali bandimeli sika kati na kondima, bosengeli kofungola motema na bino mpe boyoka Liloba na Nzambe kino tango bokokoka kotalisa kondima na bino.

Elandi, soki bobetami na bokono makasi oyo ekoki te kozwa lobiko na nzela na minganga, bosengeli kotalisa elembo na kondima monene. Kaka na tango botubeli mpenza na masumu na bino kati na kopasolaka motema na bino mpe bokangama na Nzambe na nzela na mabondeli na kotangisa mpinzoli, nde bokoka kobika. Kasi ba oyo bazali na kondima elemba to mpe ba oyo babandi kaka koyaka kati na lingomba bakoki te kobika kino tango kondima na molimo epesameli bango, mpe nalolenge kondima yango ekokitela bango, moke moke misala na lobiko ekosalemela bango.

Suka, bobosono kati na nzoto, ba kokoso, bolema, ebubu, bokakatani kati na bongo mpe na nzoto, mpe makambo makitama makoki te kosilisama soko nguya na Nzambe ezali te. Ba oyo banyokwamaka makambo na lolenge oyo basengeli kotalisa kondima na bango solo liboso na Nzambe mpe batalisa elembo na kondima mpona kolinga mpe kosepelisa Ye mpo ete bakoka kondimama epai na Nzambe nde sima misala na kondima mikoka kosalema kati na bango na nzela na nguya na Nzambe.

Misala mana na lobiko mikoki kosalema bango kaka na tango batalisi misala na kondima kaka lolenge molombi mokufi miso na nkombo na Bartime angangaki epai na Yesu (Malako 10:46-52), mokapitene atalisaki kondima na ye monene (Matai 8:6-13), mpe mokakatani mpe baninga ba ye misato batalisaki elembo na kondima na bango liboso na Yesu (Malako 2:2-12).

Esika na mibale ezali makambo na mambi matali misolo.

Soki bokomeka kosilisa kokoso na misolo na boyebi na bino, ba nzela, mpe na makoki na bino na lisungi na Nzambe te, likambo ekoki kosilisama kaka kolandisama na makoki na bino mpe makasi. Kasi, soki bobwakisi masumu na bino, bolandi mokano na Nzambe, mpe botikeli Nzambe makambo na bino kati na kondimaka ete Nzambe Akotambwisa bino na lolenge na Ye, bongo molimo na bino ekofuluka, makambo nioso makotambola malamu mpona bino mpe bokosepela nzoto malamu. Lisusu, mpo ete bozali kotambola kati na Molimo Mosantu, bokozwaka mapamboli na Nzambe.

Yakobo alandaki ba lolenge na bato mpe bwanya kati na bomoi na ye kino tango abundaka na mwanje na Nzambe na Ebale na Yaboki. Mwanje asimbaki mokwa na loketo na ye mpe mokua na loketo na ye elongwaki na esika. Kati na kobundana oyo na mwanje na Nzambe, amitikaki mobimba na maboko na Nzambe mpe atikelaki Ye makambo nioso. Kobanda tango yango azwaki lipamboli na Nzambe kosala elongo na ye. Na lolenge moko, soki bolingi Nzambe, bosepelisi Ye, mpe botiki makambo nioso na maboko na Ye, makambo nioso makotambola malamu mpona bino.

Misato etali lolenge nini bokoki kozwa makasi na molimo.

Tomoni kati na 1 Bakolinti 4:20 ete bokonzi na Nzambe ezalaka na maloba te kasi na nguya. Nguya ekokoba na koyeisama makasi na lolenge toyei na kozala na kondima ekoka. Nguya na Nzambe eyelaka bison a lolenge na kokesana kolandisama na etape na biso na mabondeli, kondima mpe bolingo. Misala na bikamwa na Nzambe, oyo ezali na etape eleki likolo koleka likabo na kobikisa, ekoki kaka kosalema na ba oyo bazwi nguya na Nzambe na nzela na mabondeli mpe kokila bilei.

Na boye, soki bozali na kondima ekoka, ekoki te ekokokisama

epai na bino mpe bokoki kati na makasi nioso kotatola ete, "Soki Okoki? Makambo nioso makoki kosalema na ye oyo andimi."

"Nandimi; sunga kozanga kondima na ngai!"

Ezali na nzela esengeli mpona bino kozwa biyano na makambo na lolenge nini.

Yambo, bobanda nzela na kopesa matatoli malamu na bibebu na bino.

Ezalaka na tata oyo azalaka na pasi mpona tango molai mpo ete mwana na ye mobali azalaki na bokangami na milimo mabe. Na tango tata ayokaki sango na Yesu, ayaki na kozala na motema na mposa mpona komona Ye. Na sima tata amemaki mwana na ye epai na Yesu na kozelaka ete ekoki kozala na elikia ete mwana na ye mobali akokaki kobika. Ata soki azalaki na assurance na yango te, asengaki na Yesu ete Abikisa mwana na ye mobali.

Yesu Apamelaki tata na kolobaka ete, "Soki Okoki!" Nde sima apesaki na ye makasi na kolobaka ete, "Makambo nioso makoki na moto oyo andimi" (Malako 9:23). Na liloba oyo na kopesa na ye makasi, tata angangaki mpe alobaki ete, "Nazali kondima, Sunga ngai na tembe na ngai" (Malako 9:23). Bongo, atotolaki malamu boye liboso nan a Yesu.

Mpo ete ayokaki kaka na matoi ma ye ete nioso ekoki elongo na Yesu, asosolaki yango kati na bongo na ye mpe atatolaki kondima na ye kaka na bibebu na ye, kasi atatolaki ten a kondima oyo ekokaki komema ye na kondima longwa na motema na ye. Ata soki azalaki na kondima lokola mayebi, litatoli na ye malamu ekomaki kotindikama na kondima na molimo mpe ememaki ye na kozwa eyeno.

Elandi, bosengeli kozala na kondima na molimo eye ememaka bino na kondima longwa na motema na bino.

Tata na mwana mokangemi na milimo mabe nokinoki alukaki na kozwa kondima na molimo, mpe alobaki na Yesu ete, "Nazali kondima, sunga ngai na tembe na ngai" (Malako 9:23).

Na tango Yesu Ayokaki bosenga na tata wana, Ayebaki solo kati na motema na tata yango, bosolo, bosenga makasi, mpe kondima, nde bongo Apesaki ye kondima na molimo eye ememaki ye na kondima kati na motema na ye. Boye, mpo ete tata ayaka na kozwa kondima na molimo, Nzambe Akokaki kosalalela ye mpe azwaki eyano na Nzambe.

Na tango Yesu Apesaki motindo kati na Malako 9:25 ete, "Yo molimo na ebubu, Nazali koloba nay o bima na ye mpe kotela ye lisusu te," molimo mabe abimaki.

Na maloba mosusu, ttaa na elenge akokaki te kozwa eyano na Nzambe na kondima na mosuni eye ebombamaki kaka lokola mayebi. Kasi, kala te sima na ye koya kozwa kondima na molimo, eyano na Nzambe epesamelaki ye na mbala moko.

Eloko na misato kati na nzela ezali konganga kati na kobondela kino tango na suka na kozwa biyano.

Kati na Yelemia 33:3, Nzambe Alaki na biso ete, ""Bianga

Ngai mpe Nakoyanola yo, Nakomonisa mpe yo makambo minene mpe oyo libombami oyo yo eyebaki te," mpe kati na Esekiele 36:36, Alakisi biso ete, "Nakotika na ndako na Yisalele kobondela Ngai ete Nasala oyo mpona bango lokola." Lolenge ekomama likolo, Yesu, basakoli na Kondimana na Kala, mpe bayekoli kati na Kondimana na Sika bangangaki kati na kobondela epai na Nzambe mpona bango kozwa biyano na Ye.

Na lolenge moko, kaka na nzela na konganga makasi kati na kobondela nde bokoka kozwa kondima eye etikaka na bino bondima kati na motema mpe kaka na nzela na kondima wana na molimo nde bokoka kozwa biyano na mabondeli mpe na makambo. Bosengeli konganga kati na kobondela kino tango bokozwa biyano, nde bongo ekokaki te ekoka mpona ntina na bino. Tata na elenge mobali mokangemi na milimo mabe akokaki kozwa eyano mpo ete angangaki epai na Yesu.

Lisolo oyo na tata na mwana elenge mokangemi na milimo mabe epesi na biso liteyo makasi kati na mobeko na Nzambe. Mpona biso kokutana na Liloba na Nzambe kolobaka ete, "'Soki Okoki?' Makambo nioso makoki na ye oyo andimi," bosengeli kobongola kondima na bino na nzoto kati na kondima na molimo eye ekosungaka bino bozala na kondima na kokoka, botelema likolo na libanga, mpe botosa na tembe moko te.

Mpona kosangisa makambo nioso oyo, yyambo bosengeli kosala litatoli esengela na kondima na bino na nzoto eye efandisama lokola liyebi. Nde sima bosengeli konganga epai na

Nzambe kati na mabondeli kino ekozwa bino biyano. Mpe na suka bosengeli kozwa kondima na molimo euti na likolo eye ekomisaka yango na kokoka mpona bino kondima longwa na motema na bino.

Nde, mpona kokokisa makambo nioso oyo mpona kozwa biyano na kotonda, yambo bosengeli kobuka lopango na masumu liboso na Nzambe. Elandi, botalisa misala na kondima kati na solo. Nde sima tika molema na bino efuluka. Kolandisama na makambo misato oyo nioso, ekopesamela bino kondima na molimo longwa na likolo mpe bokokisa oyo ekokaki te.

Soki bomeki kosala makambu mpona bino moko esika na kotika yango na maboko na Nzambe na Nguya Nioso, bokozala na mibulu mpe bokokutana na bakokoso. Na kokesana, soki bobuki makanisi na bato eye ememaka bino na komona yango kokoka te mpe botiki nioso na maboko na Nzambe, Akosala nioso mpona bino, bongo nini yango ekokoka te?

Makanisi na mosuni makotelemelaka Nzambe (Baloma 8:7). Mikopekisa bino na kondima mpe mikomemaka bino na koyokisa Nzambe pasi na kosalaka matatoli na malamu te. Mikosungaka Satana mpo ete amemela bino mafundi mpe lisusu mimekano, mibulu mpe minyokoli. Na boye, bosengeli kobebisa makanisi mana na nzoto. Ata makambo na lolenge nini bokutani na yango, ata makambo na molimo na bino kotambola malamu, bombongo, misala, ba bokono, mpe libota, bosengeli kotika yango kati na maboko na Nzambe. Bosengeli komitika na maboko na Nzambe na Nguya Nioso, bondima ete Ye Akokomisa na kokoka oyo ekoki te, mpe kati na kondima bobuka ba lolenge nioso na makanisi na mosuni.

Na tango bozali kosala matatoli masengela na kolobaka ete "Nandimi," mpe bobondeli epai na Nzambe longwa na motema, Nzabe Akopesa na bino kondima eye ekosunga bino bondima kati na motema na bino, mpe na kondima oyo Akotika bino bozwa biyano na makambo na lolenge nioso mpe bopesa Ye nkembo. Boni bomoi epambolama yango ekozala!

Bokoki kotambola kaka kati na kondima mpona bino kokokisa Bokonzi mpe bosembo na Nzambe, bokokisa Mosala Monene na koteya Sango Malamu na mokili, mpe bosala mokano na Nzambe epesamela bino, mpe bokokisa oyo ekokaki te ete ekoka lokola soda na ekulusu, mpe bongengisa pole na Christu, na nkombo na Yesu Christu Nabondeli!

Chapitre 6

Daniele Atiaki Elikia kaka Epai na Nzambe

Danyele 6:21-23

Bongo Daniele alobelaki mokonzi ete, "E, mokonzi oumela seko! Nzambe na ngai Atindaki mwanje na Ye, mpe azipaki minoko na ba nkosi, mpe bazokisi ngai te, mpo ete liboso na Ye nazalaki na ekweli te, mpe liboso nay o lokola nasali likambo te. Bongo mokonzi asepelaki mingi, mpe alakaki ete Danyele abimisama na libulu. Boye Danyele abimisamaki na libulu mpe mpota soko na lolenge nini ezuamaki na ye te mpo ete andimaki Nzambe na ye.

Daniele Atiaki Motema kaka Epai na Nzambe

Na tango azalaki mwana, Danyele akamatamaki kati na boumbu na Babiloni. Kasi na sima, afandaki na esika na bolamu na mokonzi lokola ebonga na mibale sima na mokonzi na mboka. Mpo ete ye alingaka Nzambe likolo na nioso, Nzambe Apesaki na ye boyebi mpe mayele kati na makambo nioso matali kokoma mpe bwanya. Danyele asosolaka ata biminiseli mpe ba ndoto na lolenge nioso. Azalaka moto na politiki mpe mosakoli oyo atalisaki nguya na Nzambe.

Kati na bomoi na ye nioso, Daniele atikakala te komisangisa na mokili mpona kosalela Nzambe. Alongaka mimekano mpe mikakatano nioso na kondima na mobomami mpe apesaki nkembo na Nzambe kati na elonga makasi na kondima. Eloko nini esengeli na biso kosala mpona kozala na kondima na lolenge moko na ye?

Tika totala lolenge nini Daniele, oyo azalaki kolanda mokonzi lokola mokonzi na Babiloni, abwakamaki kati na libulu na nkosi mpe lolenge nini abikaki na libulu na nkosi na kozanga pota moko na nzoto na ye te.

Daniele, Moto na Kondima

Na bokonzi na Mokonzi Rehoboam, Lisungi na Bokonzi na Yisalele ekabwanaki na mibale- Bokonzi na ngele na Yuda mpe Bokonzi na Likolo na Yisalele likolo na bokei na Mokonzi Salomo (1 Mikonzi 11:26-36). Mokonzi elongo na ekolo eye etosaki mibeko na Nzambe bafulukaki kasi ba oyo batosaki te mobeko na Nzambe batiamaki na libebi.

Na 722 AJC bokonzi na likolo na Yisalele ekweyaki nan se na kokotelama na Asulia. Na tango wana ebele na bato bamemamaka baumbo na Asulia. Bokonzi na Ngele mpe na Yuda ekotelamaki, kasi ebebisamaki te.

Na sima na ba mbula Mokonzi Nabukadanesala akotelaki Bokonzi na Ngele na Yuda, mpe sima na komeka na mbala misato akweisaki mboka na Yelusalema mpe Abebisaki Tempelo na Nzambe. Ezalaki na 586 B.C.

Na mbula misato na bokonzi na Yehakim, mokonzi na Yuda, Nabukadanesela mokonzi na Babiloni ayaka na Yelusaleme mpe azingaki yango. Na kokotela na liboso, Mokonzi Nabukadanesala akangaki nan kaka mokonzi Jehakimi na minyololo na motako mpona komema ye na Babiloni, mpe lisusu amemaki makambo misusu na ndako na Nzambe na Babiloni.

Daniele azalaki kati na libota na mokonzi mpe ba mikolo baye bakamatamaki lokola baumbo. Babikaki na mboka na bapaya, ata bongo Daniele afulukaki kati na kosalela bakonzi na Babiloni, mpe Dalio mpe Cylio, ba oyo bazalaki bakonzi na Pelesia. Daniele abikaki na mboka na bapaya mpona tango molai mpe asalelaki bikolo yango lokola moko na batambwisi sima na bakonzi. Kasi ye atalisaki kondima na oyo atikalaki na komisangisa ten a mokili mpe abikaki bomoi na elonga lokola mosakoli na Nzambe.

Nabukadanesala, mokonzi na Babiloni apesaki motindo na mokonzi na bakolo na ye ete amema moke na bana babali na Yisalele, ata ndambo kati na libota na mokonzi mpe na bakolo, bilenge esika wapi mbeba ezalaki te, ba oyo bazalaki bonzenga, kotalisa mayele kati na mateyo nioso na bwanya, bapesemelaki makoki na bososoli mpe na koyeba boyebi, mpe ba oyo bazalaki na makoki na kosala kati na ndako na mokonzi na mboka; mpe apesaki na ye motindo na kotangisa bango makomi mpe nkoto na Bakaladi, mpe apesa na bango bilei malamu na koleka na mesa na mokonzi mpe vigno ezalaki ye komela, mpe asalaki ete bazwa malakisi mbula misato. Daniele azalaki moko na bango (Daniele 1:4-5).

Kasi Danyele azwaki ekateli ete ye akomoibebisa na bilei na motuya na mokonzi soko mpe na vigno ezalaki ye komela; nde boye asengaki na kapita na bikube ete ye amibebisa soko te (Daniele 1:8) Yango ezalaki kondima na Danyele oyo alingaki kobatela mobeko na Nzambe. Boye Nzambe Apesaki na Danyele kondimama mpe ngolu na miso na kapita na bikube (et.9). boye mokapita akobaki na kopekisa ye elongo na baninga na ye mpona bilei na motuya mpe vigno bazalaki komela, mpe akobaki na kopesa na bango ba ndunda (et.16).

Mpo ete Amonaki kondima na Danyele, Nzambe Apesaki na ye mayebi mpe mayele kati na makambo nioso na kokoma mpe bwanya. Danyele asosolaki at aba ba bimoniseli nioso mpe na ba ndoto (et. 17). Kasi mpona makambo nioso matali bwanya mpe na bososoli mpona oyo mokonzi azalaki kotuna ye, amonaki ye mbala zomi malamu koleka basoloka mpe banganga nioso bazalaki kati na esika na ye (et. 20).

Sima Mokonzi Nabukadanesela atungisamaki na ndoto na ye alotaki mpe akokaki kozwa mpongi te, mpe moko ten a Bakaladi akokaki kolimbola ndoto na ye. Kasi Danyele alongaki mpona kolimbola yango na bwanya mpe na nguya na Nzambe. Bongo mokonzi amatisaki Danyele mpe apesaki na ye ebele na makabo minene, mpe akomisaki ye mokonzi na engomba mobimba na Babiloni mpe mokonzi likolo na bato bwanya nioso na Babiloki (Danyele 2:46-48).

Kaka kati na bokonzi na Nabukadanesela mokonzi na Babiloni te kasi mpe na bokonzi na Belesasala nde Danyele azwaki bolamu mpe kondimama. Mokonzi Belesasala atindaki ete basakola na ntina na Danyele ete azalaki na mokonzi na misato kati na bokonzi. Na tango mokonzi Belesasala abomamaki mpe Dalio akomaki mokonzi, Danyele akobaki na bolamu na mokonzi.

Mokonzi Dalio atiaki bakonzi 120 likolo na bokonzi mpe likolo na bango bakonzi misato. Kasi mpo ete Danyele akomaki na komimonisa kati na bakonzi yango misato mpe na bakonzi mokama na ntuku mibale na molimo na ye na kokamwisa, mokonzi azwaki likanisi na kotia ye likolo na bokonzi nioso.

.Bongo ba misato oyo elongo na bakonzi mokama na ntuku mibale bakomaki koluka lolenge kani mpona kofunda Danyele mpona mambi na bokambi na ekolo; kasi bango bakokaki te kozwa eloko na koffunda ye mpona oyo etali kanyaka, lokola azalaki sembo, mpe kotika moko te to mpe kanyaka ekokaki te kozwama kati na ye. Babongisaki mayele mabe mpona kozwa eloko na kofunda Danyele na oyo etali mobeko na Nzambe.

Na tango Danyele ayebaki ete mokanda ezwaki mokoloto, akotaki nakati na ndako na ye mpe na eteni na ye na likolo malilisa mafungwamaki epai na Yelusaleme; mpe akobaki kofukama na mabolongo ma ye mbala misato na mokolo, kobondelaka mpe kopesaka matondi liboso na Nzambe na ye, lolenge ezaaki ye kosala na liboso (Daniele 6:10). Daniele ayebaki ete akokaki kobwakama kati na libulu na nkosi soki abukaki mobeko, kasi azwaki ekateli na mobomami mpe asalelaki kaka Nzambe.

Ata na kati na bokangami kati na Babiloni, Danyele azalaki tango nioso kokanisa ngolu na Nzambe mpe alingaki Ye mingi kino na kofukamaka na nse, kobondelaka mpe kopesaka nkembo epai na Ye na mbala misato na mokolo na kotika mpe te. Azalaki na kondima makasi mpe atikala na komisangisa ten a mokili kati na kosalela Nzambe.

Danyele Abwakami Kati na Libulu na Nkosi

Bato oyo bazalaki na likunia na Danyele bayaki na koyokana mpe bakangaki Danyele kosengaka mpe kobondelaka liboso na Nzambe. Bongo bapusanaki mpe basololaki liboso na mokonzi mpona oyo etali mobeko na mokonzi. Na suka mokonzi asosolaki ete bato oyo basengaki na mokonzi atia mobeko mpona mokonzi ye moko te te kasi mpona mayele na bango na kolongola Daniele, mpe bakamwaki mingi. Kasi mpo ete mokonzi atiaki mokoloto na mokanda mpe asakolaki mobeko, ye moko akokaki lisusu kobalola yango te. Kala te sima na mokonzi koyoka likambo oyo, ayokaki mawa mingi mpe atiaki mayele ma ye na kosikola Danyele. Kasi mikonzi misato elongo na ba oyo mokama na ntuku mibale basengaki na mokonzi ete atia mobeko, nde mokonzi azalaki na nzela mosusu te kaka kosalela yango.

Mokonzi atindikamaki na kopesa mobeko, mpe Danyele abwakamaki kati na libulu na nkosi mpe libanga monene ememamaki mpe etiamaki likolo monoko na libulu. Yango ezalaki mpo ete eloko moko te ekokaki kombongwana mpona oyo etali Danyele.

Bongo mokonzi, oyo asalelaki Danyele bolamu mingi, akendaki kati na ndako na ye mpe elekisaki butu mobimba kati na kokila bilei, mpe bisenga moko te ememamaki liboso na ye; mpe mpongi na ye elongwaki ye. Bongo mokonzi atelemaki na ntongo makasi, mpe akendaki nokinoki na libulu na ba nkosi. Ezalaki kozelama ete wuta Danyele abwakamaki kati na libulu na nkosi nde asengelaki na koliama na ba nkosi. Kasi mokonzi akendaki nokinoki na libulu na ba nkosi na kolikyaka ete tango mosusu akokaki kobika.

Na tango wana ebele na babomi oyo bakatelamaki bazalaki kobwakama kati libulu na ba nkosi. Kasi lolenge kani Danyele akokaki kolonga ba nkosi na nzala makasi mpe abika kuna? Mokonzi akanisaki kati na bongo na ye ete Nzambe oyo Danyele asalelaka Akokaki na kobikisa ye, mpe ayaki pembeni na libulu. Mokonzi angangaki na mongongo na mawa, alobaki mpe ayebisaki na Danyele ete "Ɛe, Danyele moumbo na Nzambe na

Bomoi, ekokaki na Nzambe na yo oyo okosalelaka Ye na mikolo nioso, kobikisa yo na ba nkosi?" Kati na kokamwa na ye mongongo na Danyele eyokamaki kati na libulu na ba nkosi. Danyele alobaki na mokonzi ete, "Є, mokonzi oumela seko! Nzambe na ngai Atindaki mwanje na Ye, mpe azipaki minoko na ba nkosi, mpe bazokisi ngai te, mpo ete liboso na Ye nazalaki na ekweli te, mpe liboso na yo lokola nasali likambo moko te" (Danyele 6:21-22).

Bongo mokonzi azalaki na esengo makasi mpe apesaki mitindo mpona Danyele ete abimisama na libanda na libulu na ba nkosi. Na tango Danyele abimisamaki na libulu, pota to mpe eloko nini ezwamaki na ye. Boni nkamwa oyo ezalaki! Yango ezalaki elongo monene eye esalemaki mpona kondima na Danyele oyo azalaki na elikia epai na Nzambe! Mpo ete Danyele atielaki Nzambe na Bomoi elikia, abikaki kati na ba nkosi na nzala makasi mpe atalisaki nkembo na Nzambe ata epai na Bapaya.

Bongo mokonzi apesaki mitindo, mpe bamemaki bato oyo bamemaki Danyele na miango mabe, mpe babwakaki bango, bana na bango mpe basi kati na libulu na ba nkosi; bakomaki ata na suka na libulu te liboso na ba nkosi kokatakata bango mpe babuka mikuwa na bango nioso (Daniele 6:24). Bongo Dalio mokonzi akomaki epai na bato nioso, bikolo mpe na baton a ba nkoto nioso bango oyo bazalaki kobika kati na mabele nioso mpe atikaki bango babanga Nzambe na kotalisaka na bango nani Ezali Nzambe.

Mokonzi asakolaki na bango ete, "Kimia efuluka na bino! Nasali mobeko ete na bokonzi na ngai mobimba bato balenga mpe babanga liboso na Nzambe na Danyele; Mpo Ye Azali Nzambe na bomoi; Akoumela lobiko na lobiko; bokonzi na Ye ekobebisama te, nde bokonzi na Ye ekoumela kino suka. Ye Akobikisaka mpe Akosikolaka, Akosalaka bilembo mpe bikamwiseli na lola mpe na mokili, Ye oyo Abikisaki Danyele na nguya na nkosi" (Danyele 6:26-27).

Boni monene elonga oyo na kondima ezali! Nioso oyo ezalaki mpo ete lisumu moko te ezwamaki kati na Daniele mpe atiaki motema nioso epai na Nzambe. Soki tokotambolaka kati na Liloba na Nzambe mpe toingeli kati na bolingo na Ye, ata na likambo to mpe na esika nini tozwami, Nzambe Akosalela bino na nzela na kokima mpe Akomema bino kati na elonga.

Danyele, Elonga na Kondima Monene

Bongo kondima na lolenge nini Danyele Azalaki na yango mpo ete akoka kopesa nkembo monene na lolenge oyo epai na Nzambe? Tika totala kati na kondima eye Danyele azalaki na yango mpo ete tokoka kolonga mimekano na lolenge nioso mpe minyokoli mpe kotalisa nkembo na Nzambe na Bomoi epai na ebele na bato.

Yambo, Danyele Atikala soko te kosangisa kondima na ye na eloko soko nini na mokili oyo.

Azalaki mokambi na makambo nioso matali ekolo lokola

moko na bakonzi basato na Babiloni, mpe ayebaka malamu ete akokaki kobwakama kati na libulu na nkosi soki asengelaki kobuka mobeko. Kasi atikalaki kolanda makanisi mpe bwanya na bato te. Abangaki te bato oyo basalelaki ye mayele mabe. Afukamaki na mabele mpe abondelaki epai na Nzambe lolenge esalaki ye na liboso. Soki asalelaka makanisi na bato, na mikolo 30 na tango wapi mobeko ezalaki na nguya akokaki kokata kobondela epai na Nzambe to mpe kobondela kati na ndako na nkuku. Kasi Danyele asalelaki nioso oyo mibale te. Alukaki te kobatela bomoi na ye soko te to mpe atikalaka na komisangisama ten a mokili. Abatelaki kaka kondima na ye kati na bolingo na ye mpona Nzambe.

Na mokuse, ezalaki mpo ete azalaki na kondima na babomami, nde ata soki ayebaki ete lokasa ezwaki mokoloto, akotaki kati na ndako na ye, mpe na likolo na ndako na ye azalaki na malilisa mafungwama epai na Yelusaleme. Akobaki na kofukama mbala misato na mokolo, kobondelaka mpe kopesaka matondi liboso na Nzambe na ye, lolenge ezalaki ye kosala na kala.

Mibale, Danyele azalaki na kondima na wapi atikaki te kobondela.

Na tango akweyaki na esika wapi asengelaki na kobongisa mpona kufa na ye, abondelaki epai na Nzambe lolenge na momesano mpona ye. Alingaki te kosala lisumu na kotika kobondela (1 Samuele 12:23).

Mabondeli ezali mpema na molimo na biso, bongo tosengeli

te kotika kobondela. Na tango mimekano na ba kokoso miyeli biso, tosengeli kobondela, mpe na tango tozali kati na kimia, tosengeli kobondela mpo ete tokoka te kokota kati na komekama (Luka 22:40). Mpo ete atikaki te kobondela, Danyele akokaki kobatela kondima na ye mpe kolonga mimekano.

Misato, Daniele azalaki na kondima na oyo apesaki matondi kati na makambo nioso.

Ebele na bayaya na kondima oyo bakomama kati na Biblia bapesaka matondi kati na makambo nioso kati na kondima mpo ete bayebaka ete ezali kondima na solo kopesa matondi kati na makambo nioso. Na tango Danyele abwakamaki kati na libulu na nkosi mpo ete alandaki mobeko na Nzambe, ekomaki elonga na kondima. Ata soki aliamaka na ba kosi, alingaki kotiama kati na maboko na Nzambe mpe alingaki kobika kati na bokonzi na seko na Nzambe. Ata soki lifuti na yango elingaki kozala nini, ezalaki na kobanga te mpona ye! Soki moto andimelaki mpenza na Lola, akoki te kobanga liwa.

Ata soki Danyele asengelaki kobika kati na kimia lokola mokonzi likolo bokonzi sima na mokonzi, ekokaki kaka kozala lokumu na ngonga moko. Kasi soki asengelaki kobatella kondima na ye mpe akufa liwa na babomami, akokaki kondimama epai na Nzambe, komonana lokola moto monene kati na bokonzi na Lola mpe kobika kati na kongala na nkembo ezanga suka. Yanngo tina eloko kaka moko asalaki ezalaki kopesa nkembo.

Minei, Danyele atikalaki kosumuka te. Azalaki na kondima na oyo alandaki mpe asalelaki Liloba na Nzambe.

Mpona mambi matalaki mbula matari ezalaki na eloko

moko te mpona kofunda Danyele. Ezalaki na elembo moko ten a kanyaka, bolembu to mpe lokuta kozwama kati na ye. Boni petwa bomoi na ye ezalaki! Daniele ayokaki maw ate mpe azalaki na koyoka mabe te mpona mokonzi oyo apesaki motindo mpo ete ye abwakama kati na libulu na ba nkosi. Kutu azalaki kaka sembo epai na mokonzi kino na esika na koloba na ye ete, "Є mokonzi, oumela seko!" Soki momekano oyo epesamelaka ye mpo ete ye asumukaki, Nzambe alingaki kobatela ye te. Kasi mpo ete Daniele atikalaki kosumuka te, akokaki kobatelama epai na Nzambe.

Mitano, Danyele azalaki na kondima na wapi atielaki kaka Nzambe elikia.

Soki tozali na bobangi makasi na Nzambe, mpe totieli Ye elikia na biso nioso mpe totie makambo na biso nioso kati na maboko na Ye, Akosilisa makambo na lolenge nioso mpona biso. Daniele atielaki Nzambe elikia nioso mpe amitikaki epai na Ye. Boye atikaki te komisangisa na mokili kasi aponaki mobeko na Nzambe mpe asengaki lisungi na Nzambe. Nzambe Amonaki kondima na Danyele mpe Asalaki ete nioso etambola malamu mpona ye. Mapamboli mabakisamaki likolo na mapamboli nde bongo nkembo monene ekokaki kopesama na Nzambe.

Soki tozali na kondima lolenge moko na oyo Danyele azalaki na yango, ata momekano yango na lolenge nini mpe minyoko tokokutana na yango, tokoki kolonga yango, tobongola yango na mabaku malamu na mapamboli mpe tokoma batatoli na Nzambe na bomoi. Moyini zabolo azali konguluma pembeni mpona koluka moyo na kolia. Boye, tosengeli kotelemela zabolo na kondima makasi mpe tobika kati na kobatelama na Nzambe na kobatelaka mpe koingela kati na Liloba na Nzambe.

Ata soki mimekano miye mikomelaka biso mizalaka mpona tango moko, Nzambe Akokokisa biso, kondimisa, kokembisa mpe kofandisa biso (1 Petelo 5:10). Tika ete bino bozala na kondima lolenge moko na oyo na Danyele, botambola elongo na Nzambe na tango nioso, mpe bopesa Ye nkembo, na nkombo na Nkolo na biso Yesu Christu Nabondeli!

Chapitre 7

Nzambe Abongisaka Wuta Kala

Genese 22:11-14

"Kasi mwanje na Nzambe Alobelaki ye longwa na likolo ete, Abalayama! Abalayama! Mpe ye alobaki ete, 'Nazali awa. Ye alobaki ete, 'Tia loboko nay o na mwana te mpe sala likambo na ye te, mpo ete sik'awa nayebi ete obangi Nzambe, mpo ete oboyi kopesa mwana nay o te, mwana nay o na likinda. Abalayama afungolaki miso na ye mpe atalaki na nsima na ye mpate mobali akangamaki na mwa zamba na maseke na ye. Abalayama akendaki akamataki mpate mobali mpe apesaki ye lokola mbeka na kotumba na esika na mwana na ye. Bongo Abalayama abiangaki esika yango YAWE Yile, lokola ezali kolobama kino lelo oyo ete, "Na ngomba na YAWE ekopesama."

YAWE Yile! Boni koningisa mpe kosepelisa ezali mpona kaka koyoka yango! Elakisi ete Nzambe Asilaki kobongisa nioso wuta kala. Lelo ebele na bandimi na Nzambe basila koyoka mpe koyeba ete Nzambe Asalaka mpona, Abongisaka mpe Atambwisaka bison a liboso. Kasi ebele na bato bazangaka na kokutana na Liloba oyo na Nzambe kati ba bomoi na bango na bandimeli.

Nkombo "YAWE Yile" ezali oyo na lipamboli, bosembo, mpe elikya. Moto nioso akolikyaka mpe kolinga makambo oyo. Soki tososoli te nzela eye liloba oyo elobeli, tokoki te kokota kati na nzela na lipamboli. Boye, Nakolikia kokabola na bino kondima na Abalayama lokola ndakisa na moto na oyo azwaki lipamboli na "Yawe Yile."

Abalayama Atiaki Liloba na Nzambe Liboso likolo na Nioso

Yesu Alobi kati na Malako 12:30 ete, "Olinga mpe Nkolo Nzambe nay o na motema nay o mobimba mpe na molimo nay o mobimba mpe na mayele nay o mobimba mpe na makanisi nay o mobimba, mpe na makasi nay o mobimba." Lokola elimbolami kati na Genese 22:11-14, Abalayama alingaki Nzambe na lolenge eye akokaki kosolola na Nzambe elongi na elongi, kososola mokano na Nzambe, mpe kozwa lipamboli na YAWE Yile. Bosengeli kososola ete ezalaki kaka libaku malamu te mpona ye kozwa nioso oyo.

Abalayama atiaki na yambo Nzambe likolo na nioso, mpe

na kotala liloba na Ye lokola motuya koleka eloko nioso. Boye, alandaki makanisi na ye moko te mpe azalaki tango nioso ngwi mpona kotosa Nzambe. Mpo ete azalaki solo epai na Nzambe mpe ye moko na mbeba ata moko te, amibongisaki mpenza na mozindo na motema na ye mpona kozwa mapamboli.

Nzambe Alobaki na Abalayama kati na Genese 12:1-3, "Longwa na mokili nay o mpe na bandeko nay o mpe na ndako na tata nay o, kokenda na mokili ekomonisa Ngai yo. Nakozalisa yo libota monene, mpe Nakopambola yo, Nakozalisa nkombo nay o monene mpe okopambola bato. Nakopambola baoyo bakopambola yo mpe Nakolakela mabe baoyo balakeli yo mabe; mpe mpo na mabota nioso nan se bakopambolama."

Kati na likambo oyo, soki Abalayama asalelaka makanisi na bomoto, akokaki koyoka mua mobulu na tango Nzambe Apesaki na ye motindo kolongwa na mboka na ye, kolongwa na bandeko na ye mpe na ndako na tata na ye. Kasi amonaki Nzambe Tata, Mokeli, lokola wa yambo. Na kosalaka boye akotosa mpe kosala mokano na nzambe. Lolenge moko mpe, moto nioso akoki kotosa Nzambe kati na esengo soki slo alingaka Nzambe. Ezali mpo ete akondimaka ete Nzambe Akosalaka ete nioso etambola malamu mpona ye.

Biteni mingi kati na Biblia mitalisi biso ba tata na kondima bango oyo bamonaki Liloba na Nzambe lokola eloko na liboso mpe batambolaki kolandisama Liloba na Ye. 1 Mikonzi 19:20-21 elobi ete, "[Elisa] atikaki nan bombe mpe apotaki sima na Eliya, ye ete, "Tika etenapapwa tata na ngai mpe mama na ngai mpe nsima na nakobila yo. Alobaki na ye ete, Zonga nsima lisusu; nagi nasaleli yo nini? Azongisaki na nsima na kobila ye; akamataki ba ngombe mibale bakangami, abomaki bango, alambaki mosuni na bango na bikangelo na bangombe mpe apesaki yango epai na bato mpe baliaki. Wana, atelemaki mpe abilaki Eliya, asalelaki mppe ye." Na tango Nzambe Abiangaki Elisa na nzela na Eliya, atikaki biloko nioso azalaki na yango na mbala moko mpe alandaki mokano na Nzambe.

Ezalaki lolenge moko mpona bayekoli na Yesu. Na tango Yesu Abengaki bango, balandaki Ye na mbala moko. Matai 4:18-22 elobi na biso ete, "Etambooli Yesu pembeni na libbeke na Galilai, Amoni bandeko mibale, Simona oyo abiangami Petelo mpe Andalea ndeko na ye; bazalaki kobwaka moluba kati na mai mpo bazalaki baluki na mbisi. Alobi na bango ete, 'Boyaka nsima na Ngai mpe Nakozalisa bino baluki na bato.' Nokinoki batiki miluba kobila Ye. Alongwi wana, Amoni bandeko mibale mosusu, Yakobo mwana na Zebedai mpe Yoanne ndeko na ye. Bazaalaki na Zebedai tata na bango, tata na bango kati na ebei kobongisa miluba na bango. Abiangi mppe bango. Nokinoki batiki bwato mpe tata na bango mppe babili Ye."

Yango tina Nasengi mpenza na bino ete bozala na kondima na wapi bokoki kotosa nini nini mokano na Nzambe ekoki kozala, mpe bomona Liloba na Nzambe lokola eloko na liboso mpo ete Nzambe Akoka kosala mpona bolamu kati na makambo nioso mpona bino na nguya na Ye.

Abalayama Ayanolaki tango nioso na "Iyo!"

Koolandisama na Liloba na Nzambe, Abalayama atikaki mboka na ye, Halana, mpe akitaki na kati na mmabele na Kanana. Kasi mpo ete nzala monene ezalaki mpenza makasi kuna, asengelaki na kokende na kati na mokili na Ejipito (Genese 12:10). Na tango akendaki kuna, Abalayama abengaki mwasi na ye ndeko na ye na mwasi' mpona komibatela ye moko na kobomama. Mpona oyo etali oyo, bato misusu balobaka ete akosaki bato pembeni na ye kolobelaka bango ete azalaki ndeko na ye mwasi mpo ete azalaki kobanga mpe moto na mayele na nsense. Kasi kati na solo ye akosaki bango te, kasi asalelaki kaka makanisi na ye na mosuni. Emonani ete na tango motindo epesamelaki ye na kolongwa mboka na ye, ye attosaki na kobanga eloko moko te. Nde bongo ezali solo te nde ye akosaki bango mpona koyebisa bango ete azalaki ndeko mwasi na ye mpo ete ye azalaki moto na bobangi. Asalaki yango, kaka te mpo ete ye azalaki mpenza moko na bandeko basin a ye, mpe liisusu mpo ete ye akanisaki ekozala malamu mpona koobenga ye 'ndeko mwasi' esika na 'mwasi.'

Na tango ye azalaki kobika kati na Ejipito, Abalayama apetolamaki na Nzambe mpo ete akokaki mpenza komitiika na Nzambe na kondima na kokoka kati na kozanga bwanya na bato mpe makanisi. Azalaki tango nioso mpona kotosa, kasi etikalaki na makanisi na mosuni kati na ye eye esengelaki na kolongolama. Na nzela na komekama oyo Nzambe Apesaki nzela mpona Falo na Ejipito kosalela ye malamu. Nzambe Appesaki na Abalayama ebele na mapamboli ata na bampate mpe na bangombe mpe bakamele mpe basali na basi mpe na babali mpe ba mpunda basi

mpe na bakemela. Momekano oyo epesaki na ye nzela mpona kolobaka kaka "Amen" mpe atosa na makambo nioso, mpe na sima Nzambe Apesaka na ye motindo na kobonnza mwana na ye na likinda Yisaka lokola mbeka na kotumba Genese 22:1 etangi ete, "Na nsima na makambo oyo Nzambe Amekaki Abalayama. Alobaki na ye ete, Aballayama! Ye mpe azongisaki ete, 'Nazali awa.'"
Na tango Yisaka abotamaki, Abalayama azalaki na mbula mokkama moko mppe mwasi na ye, Sala, azalaki na ba mbula ntuku libwa. Mpona baboti ekokaki mpenza te mpona kozala na mwana kasii kaka mpona ngolu mpe elaka na Nzambe, mwana mobali abotamelaki bango mpe mwana mobali yango abengamaki na motuya koleka mpona bango kooleka eloko nioso. Lisusu, azalaki nkona na elaka na Nzambe. Yango tiina azalaki mpenza na kokamwa na tango Nzambe Apesaki na ye motindo ete abonza mwana na ye mobali lokola mbeka na kotumba lolenge na nyama! Ezalaki mpenza likolo na makanisi nioso na bato.

Mpo ete Abalayama andimaki ete Nzambe Akokaki kosekwisa mwana na ye na kufa, nde bongo akokaki kotosa motindo na Nzambe (Baebele 11:17-19). Na lolenge mosusu, mpo ete makanisi na ye nioso na mosuni abukamaki mpenza, akokaki kozala na kondima na oyo akokaki kobonza mwana na ye na likinda Yisaka lokola mbeka na kotumba.

Nzambe Amonaki kondima oyo na Abalayama mpe abongisaki mpate mobali mpona mbeka na kotumba, mpo ete Abalayama akoka te kosembola loboko na ye likolo na mwana na ye. Abalayama amonaki mpate mobali mokangami na maseke na ye na mwa zamba mpe akamataki mpate mobali mpe abonzaki yango lokola mbeka na kotumba na esika na mwana na ye mobali Yisaka. Nde abengaki esika yango na nkombo na NKOLO Akopesa.'

Nzambe Akumisaki Abalayama mpona kondima na ye, kolobaka kati na Genese 22:12 ete "Sik'awa nayebi ete obangi Nzambe, mpo ete oboyi kopesa mwana nay o te, mmwana nay o na likinda," mpe Apesaki na ye elakka na kokamwa na kopambolama kati na biteni mike na 17-18, "Nakopambola yo solo mpe Nakofulisa bana nay o lokola minzoto na likolo mpe lokola zelo na libonngo mmai. Bana nay o bakobotola bukuke na bayini na bango. Mabota nioso na nse bakopambolama mpona bana nay o, mpo ete yo osili kotosa mongongo na Ngai."

Ata soki kondima na bino ekomi naino tee tape na oyo na Abalayama, bokoki na ba tango misusu komona kopambolama na oyo YAWE Akopesa.' Na tango bolingaki kosala eloko, bomonaki ete Nzambe Asi Asilaki kobongisa yango. Ekokaki kosalema mpo ete na ngonga wana motema na bino ezalaki lolenge na Nzambe na tango wana. Soki bokoki kozwa kondima na lolenge moko loolenge na Abalayyama azalaki na yango mpe botosa mpenza Nzambe, bokobika kati na kopambolama na "YAWE Akopesa' esika nioso mpe na tango nioso; boni bomoi na kokamwisa ezali kati na Christu!

Mpona bino kozwa lipamboli na YAWE Yile, "NKOLO Akopesa,' bosengeli koloba "Amen" na mobeko na lolenge nioso na Nzambe, mpe botambola kaka kolandisama na mokano na Nzambe kati na kozanga kobetisa sete kati na makanisi na bino moko soko te. Bosengeli kozndimama epai na Nzambe. Yango tina Nzambe Alobaka na biso ete botosi eleki mbeka (1 Samuele 15:23).

Yesu Azalaki na lolenge na Nzambe, kasi Ye Atalaki te kokokana na Nzambe eloko na kokangama na yango, kasi amitalaki pamba mppe Akamataki lolenge na mosali pamba oyo azalaki na lolenge na moto. Mpe Amikitisaki mpe atosaki kino na kufa (Bafilipi 2:6-8). Mpe mpona oyoo etali kotosa na ye na mobiimba, 2 Bakolinti 1:19-20 elobi ete "Pamba te Yesu Christu, Mwana na Nzambe oyoo biso mpe Silwano mppe Timote tosakolaki kati na bino, Azali, Iyo! Mpe Te! Soko ten de kkati na Ye Azali bobele Amen! Mpo bilaka nioso na Nzambe izali Amen! Kati na Ye. Yango wana tokolobaka Amen na nzela na Ye wana ekopesaka biso nkkembo na Nzambe na nzela na biso."

Mpo ete Mwana se moko na Nzambe Alobaki kaka "Iyo," tosengeli na tembe moko te koloba kaka "Amen" kkati na liloba nioso na Nzambe mpe topesa nkembo epai na Ye kati na kozwaka lipamboli na 'NKOLO Akopesa.'

Abalayama Alukaki Kimia mpe Kobulisama kati na Makambo Nioso

Mpo ete azwaki Liloba na Nzambe liboso likolo na nioso, mpe Alingaki Ye koleka eloko nioso, Abalayama alobaki kaka

Kati na Genese 13:8-9, alobi na Lota mwana na ndeko na ye ete, "Tika likaka ezala kati na bison a yo te, soko kati na babateli na ngai mpe babateli nay o te, mpo ete biso tozali bandeko. Mokili mobimba ezali liboso nay o te? Bpngo kabwana na Ngai. Soko okokenda na loboko na mwasi, ngai nde nakokenda na loboko na mobali; soko yo okokenda na loboko na mobali, ngai nde nakokenda na loboko na mwasi." Azalaki mokolo na Lota, kasi apesaki na Lota nzela na kopona mabele mpona kosala kimia mpe amikabaki ye moko mpenza. Ezalaki mpo ete ye alukaki te lifuti na ye moko kasi oyo na basusu kati na bolingo na ye na molimo. Na lolenge moko, soki bozali kobika kati na solo, bokoswanaka soko te soko mpe komimatisa kaka mpona koluka kozala na kimia na moto nioso.

Kati na Genese 14:12, 16 tomoni ete na tango Abalayama ayokaki ete Lota mwana na ndeko na ye akamataki mokangemi, abimisaki baton a ndako na ye ba oyo bakembisama malamu, bango mikama misato na zomi na mwambe, mpe alandaki mpe azongaki na ndeko na ye. Lota elongo na biloko na ye, mpe lisusu basi, elongo na bato misusu. Mpe mpo ete azalki mpenza sembo mpe atambolaki nzela malamu, apesaki Maliki-Sedeke, mokonzi na Saleme, moko na zomi na nioso esengelaki na Ye mpe azongisaki oyo etikalaki epai na mokonzi na Sodomo na kolobaka ete "Nakokamata eloko ten a yango ezali nay o, ata ndambo na busi te, soko nsinga na sapato te, na ntina ete yo okoloba te ete, Ngai nayeisi Abalayama mozui;'" (et. 23). Boye, Abalayama azalaki kaka kati na koluka kimia te kati na makambo nioso kasi atambolaki mpe kati na nzela ezanga mbeba mpe na bosembo.

Baebele 12:14 elobi ete, "Luka kimia na moto nioso, mpe kobulisama soko te moko te akoka komona Nkolo." Nasenge na bino mpenza mpenza ete bososola ete Abalayama akokaki kozwa lipamboli na Yawe Yile, 'NKOLO Akopesa,' mpo ete alukaki kimia na moto nioso mpe akokisaki kobulisama. Nasengi mpe na bino ete bokoma baton a lolenge moko eye ezali ye.

Kondimela Nguya na Nzambe Mokeli

Mpona kozwa lipamboli na 'NKOLO Akopesa,' tosengeli kondimela nguya na Nzambe. Baebele 11:17-19 elakisi biso ete, "Mpo na kondima Abalayama atombolaki Yisaka lokola mbeka na kotumba wana emekamaki ye, mpe ye oyo azwaki bilaka aselengwaki kokaba mwana na ye na likinda. Elobami mpo na ye ete, bana nay o bakobiangama nkombo kati na Yisaka. Atangaki ete Nzambe Azalaki na nguya na kosekwisa bato ata na bakufi. Bongo tokoki koloba ete azwaki ye lisusu." Abalayama andimelaki nguya na Nzambe Mokeli ekoki kokomisa eloko nioso ekoka, boye akokaki kotosa Nzambe kati na kozanga kolanda soko makanisi na nzoto to mpe na bato.

Nini ekosala bino soki Nzambe Asengi na bino ete bopesa mwana na bino se moko na likinda lokola mbeka na kotumba? Soki bondimeli nguya na Nzambe esika wapi eloko moko te ekoki te, ata mabe na lolenge nini ekoki komonana, bokokoka kotosa yango. Bongo bokozwa lipamboli na 'NKOLO Akopesa.'

Lokola nguya na Nzambe ezanga suka, Abongisa wuta kala, Akokisaka, mpe Afutaka bison a mapamboli soki mpenza totosi na mobimba na kozanga ata likanisi moko na mosuni lolenge Abalayama azalaki. Soki tozali na eloko moko eye tolingaka koleka Nzambe to mpe tolobi "Amen" kaka na makambo tondimi na makanisi na biso mpe na mayebi na biso, tokoki te kozwa lipamboli na 'Nzambe Akopesa.' Lokola elobama kati na 2 Bakolinti 10:5 ete, "Tozali kokweisa maloba mpe bisika milai nioso mizali kotelemela boyebi na Nzambe, tozali kokanga makanisi nioso nan kanga ete matosa Christu.," mpona komona mpe kozwa lipamboli na 'NKOLO Akopesa,' tosengeli kobwakisa lolenge na likanisi nioso na bomoto mpe tozala na kondima na molimo na oyo tokoki koloba "Amen." Soki Mose azalaka na kondima na molimo te, lolenge kani akokaki kokabola Mai Monana Motene na biteni mibale? Soki kondima na molimo ezali te, lolenge nini Yosua akokaki kokweisa mboka na Yeliko?

Soki bokotosa kaka makambo makokani na makanisi na bino moko mpe na mayebi, ekoki te kobengama botosi na molimo. Nzambe Akelaka eloko longwa na eloko moko te, bongo lolenge kani ezali nguya na Ye lolenge moko na makasi mpe mayebi na bato bango oyo basalaka eloko na eloko mosusu?

Matai 5:39-44 etangi makambo eye. "Nde Ngai Nazali koloba na bino ete botelemela mabe te. Kasi soko nani akobeta yo na litama na mobali, pesa ye oyo mosusu. Mpe na ye oyo alingi kofunda yo mpo na elamba na nse, akamata mpe elamba na libanda lokola. Mpe ye oyo akangi yo été okende na ye Kilometelo moko, kenda na ye mibale. Pesa epai na ye oyo akolomba yo mpe mpe obongwana te longwa na longwa na oyo alingi kodefa. Boyoki été balobaki boye, 'Olinga mozalani na yo mpe oyina moyini na yo. Nde Ngai Nazali koloba na bino été, 'Bolinga bayini na bino mpe bobondela mpona banyokoli na bino."

Boni kokesana ezali liloba oyo na solo na Nzambe na makanisi na biso moko mpe mayebi? Yango tina Nasengi na bino bokanga kati na ba bongo na bino ete soki bokomeka koloba 'Amen" kaka na oyo asepelisi makanisi na bino bokoki te kokokisa Bokonzi na Nzambe mpe bozwa lipamboli na Yawe Yileh, 'NKOLO Akopesa.'

Ata soki bozali na kondima kati na Nzambe na Nguya Nioso, ezala bino kati na mobulu, komitungisama, mpekozanga kimia na tango likambo ekomeli bino? Boye, ekoki te kondimama lokola kondima na solo. Soki bozali na kondima na solo, bosengeli kondima nguya na Nzambe mpe botika likambo nioso kati na maboko na Ye na esengo mpe kopesa matondi.

Tika ete moko na moko na bino atala Nzambe lokola ya Yambo, akoma na botosi esengeli mpona koloba kaka "Amen" na liloba nioso, balanda kimia na bato nioso mpe kobulisama, mpe bandimela nguya na Nzambe oyo Azali na makoki na kosekwisa lisusu mokufi mpo ete bokoka kozwa mpe kosepela lipamboli na 'NKOLO 'kopesa,' na nkombo na Nkolo na biso Yesu Christu Nabondeli!

Mokomi:
Dr. Jaerock Lee

Dr Lee abotama na Muan Province na Jeonnam, Republique na Coree, na 1943. Na tango azalaka na ba ntuku mibale ma ye, Dr. Lee anyokwama na ba bokono kilikili mpona ba mbula sambo mpe azalaka kaka kozela kufa na elikya moko te na kozongela nzoto malamu. Kasi mokolo moko kati na tango moi elingaka kokoma makasi mingi na 1974 akambamaki na egelesia epai na kulutu na ye ya muasi mpe na tango afukamaki mpona kobondela, Nzambe na bomoi Abikisaki ye na mbala moko na ba bokono na ye nioso.

Banda mokolo akutanaki na Nzambe na Bomoi na nzela na likambo wana na kokamwisa, Dr. Lee alinga Nzambe na motema na ye mobimba kati na bosolo, mpe na mbula 1978 abiagamaki mpona kokoma mosali na Nzambe. Abondelaka makasi mingi na kokila mingi na bilei mpo ete akoka kososola malamu mingi mokano na Nzambe, akokisa yango na mobimba mpe atosa Liloba na Nzambe. Na 1982, abandisaka Manmin egelesia Central na Seoul, Korea na ngele, mpe misala mingi na Nzambe, ata, bikamwa na lobiko, bilembo mpe bikamwiseli, mibanda kati na lingomba na ye wuta wana.

Na 1986, Dr. Lee azalaki ordonner lokola Pasteur na Mayangani na Mbula Mobimba na Yesu' Egelesia Sungkyul na Coree, mpe sima mbula minei na 1990, mateya ma ye mabanda kotalisama na Australie, Rusia, mpe ba Philippines. Kaka sima na tango moke ba mboka ebele koleka mikomaki mpe kolanda o nzela na Companie na telediffusion na asia na moi kobima, Stion na telediffusion na Asia, mpe Systeme Radio na Bakristu na Washington.

Mbula misato na sima, na 1993, Egelesia Central Manmin eponamaki lokola moko na "Mangomba 50 na Mokili" na magazine na Mokili na Bakristu mpe azwaka Doctora Honorius na Bonzambe na College na Kondima na Bakristu, na Floride, America, mpe na 1996 azwaka Ph.D. na Mosala na Nzambe na Kingsway Seminaire ya Theologique, na Iowa, America.

Wuta 1993, Dr. Lee abanda kopalanganisa sango malamu kati na mokili mobimba na nzela na ba croisade na bikolo na bapaya na Tanzanie, Argentine, L.A., Baltimore City, Hawai, mpe na New York na America, Uganda, Japon, Pakistan, Kenya, Philippine, Honduras, Inde, Russie, Allemagne, Peru, Republique Democratique ya Congo, Yisalele mpe Estonie.

Na 2002 andimamaka lokola "molamusi na mokili mobimba" mpona mosala na ye na nguya na ba croisade ebele na bikolo na bapaya na ba Makasa minene na ba Sango na Bakristu na Coree. Mingi mingi ezalaki Croisade na ye na New York City na Madison

Square Garden, Ndako na ekenda Sango mokili mobimba. Milulu etalisamaki na ba mboka 220, mpe na 'Croisade na ye na Yisalele na 2009', esalamaki na Centre na Convetion International (CCI) na Yelusaleme Atatolaka na Mongongo makasi été Yesu Christu Azali Messia mpe Mobikisi.

Mateya ma ye mitalisamaka na ba mboka koleka 176 o nzela na satellites ata GCN TV mpe atangama na molongo na moko kati na "Ba 10 oyo baleki likolo kati na Batambwisi na Bakristu' na mbula 2009 mpe 2010 na Magazine na Bakristu na Rusie In Victory mpe agence na ba sango Telegraphe na Bakristu mpona mosala na ye monene na nzela na bitando mpe mosala na koteya na mangomba na mikili na bapaya.

Kobanda sanza na Mai na 2013, Egelesia Central Manmin ezali na lingomba koleka 120,000 na bato. Ezali na ba branche 10,000 na ba egelesia na mokili mobimba mpe ba branche 56 na mboka, mpe na ba missionaire 129 batindama na ba mboka 23, ata America, Rusia, Allemagne, Canada, Japon, Chine, France, Inde, Kenya, mpe mingi koleka.

Kino na mokolo na kobimisa buku oyo, Dr. Lee akoma ba buku 85, ata ba buku mikenda sango lokola, Komeka bomoi na seko liboso na kufa, Bomoi na ngai bondimi na ngai I &II, Sango na ekulusu, bitape kati na kondima, Lola I & II, Hell, Lamuka Yisalele!, mpe Nguya na Nzambe. Misala ma ye mikomama na ba koto koleka 75.

Ba kolone na makomi ma ye na Bakristu mibimaka na Haankook Ilbo, Hebdomadaire Joong Ang, Chosun Ilbo, Dong-A Ilbo, Munhwa Ilbo, Seoul Shinmun, Kyughyang shinmun, Hebdomadaire economique na Coree, Herald Coreen, Ba Sango Shisa, mpe presse Chretienne.

Sasaipi Dr. Lee azali mokambi na ba organization missionaire ebele mpe na masanga. Ebonga na ye ezali: President, Lisanga na ba egelesia na Yesu Christu na kobulisama; President, Manmin Mission na Mokili mobimba. Na Lelo President, BoKristu na mokili mobimba na Mission na Association na Bolamuki; Fondateur & President na conseil na Administration, Reseau Mondiale na ba Minganga Bakristu (WCDN) ; mpe mobandisi & President na conseil d'administration, Seminaire Internationale Manmin (MIS).

Other powerful books by the same author

Heaven I & II

A detailed sketch of the gorgeous living environment the heavenly citizens enjoy and beautiful description of different levels of heavenly kingdoms.

The Message of the Cross

A powerful awakening message for all the people who are spiritually asleep In this book you will find the reason Jesus is the only Savior and the true love of God.

Hell

An earnest message to all mankind from God, who wishes not even one soul to fall into the depths of hell! You will discover the never-before-revealed account of the cruel reality of the Lower Grave and hell.

Tasting Eternal Life Before Death

A testimonial memoirs of Dr. Jaerock Lee, who was born gain and saved from the valley of death and has been leading an exemplary Christian life.

The Measure of Faith

What kind of a dwelling place, crown and reward are prepared for you in heaven? This book provides with wisdom and guidance for you to measure your faith and cultivate the best and most mature faith.

www.urimbooks.com

www.ingramcontent.com/pod-product-compliance
Lightning Source LLC
LaVergne TN
LVHW051953060526
838201LV00059B/3629